LA PROVINCE
A PARIS,
OU LES
CAQUETS D'UNE GRANDE VILLE,

PAR
LE BARON DE LAMOTHE-LANGON,
AUTEUR
DE MONSIEUR LE PRÉFET, ETC., ETC.

> Est-il rien dans le vrai qui ne fasse causer ?
> Affichez la sagesse, on vous trouve gothique ;
> Ayez une aventure, on vous en prête cent ;
> Enfermez-vous, on sait comme cela s'explique ;
> Tenez maison, chez vous tout paraît indécent ;
> Et le plaisir surtout n'est jamais innocent.
> DESMARIS, l'Imp., sc. III.

TOME QUATRIÈME.

PARIS,

BOSSANGE FRÈRES, RUE DE SEINE, N° 12 ;
DESPLACES ET Cᵉ, RUE DE SEINE ;
LECOINTE ET DUREY, QUAI DES AUGUSTINS, N° 49 ;
CH. BÉCHET, QUAI DES AUGUSTINS ;
DUPONT ET ROKET, QUAI DES AUGUSTINS ;
PONTHIEU, PALAIS-ROYAL ;
HAUTCOEUR ET GAYET, RUE DAUPHINE.
LEIPZIG, BOSSANGE FRÈRES.
1825.

LA PROVINCE
A PARIS.
T. IV.

DE L'IMPRIMERIE DE LACHEVARDIERE FILS
rue du colombier, n.º 30, à paris

LA PROVINCE A PARIS,

OU LES

CAQUETS D'UNE GRANDE VILLE,

PAR

LE BARON DE LAMOTHE-LANGON,

AUTEUR

DE MONSIEUR LE PRÉFET, ETC., ETC.

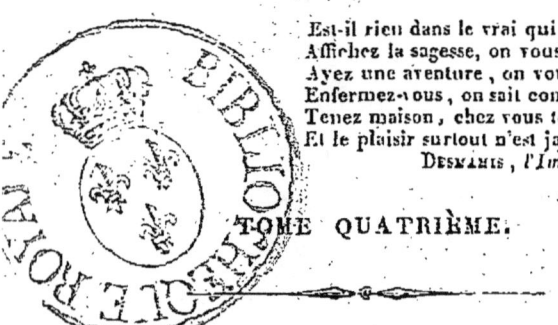

Est-il rien dans le vrai qui ne fasse causer ?
Affichez la sagesse, on vous trouve gothique ;
Ayez une aventure, on vous en prête cent ;
Enfermez-vous, on sait comme cela s'explique :
Tenez maison, chez vous tout paraît indécent ;
Et le plaisir surtout n'est jamais innocent.
DESMAHIS, l'Imp., sc. III.

TOME QUATRIÈME.

PARIS,

BOSSANGE FRÈRES, RUE DE SEINE, N° 12 ;
DESPLACES ET Ce, RUE DE SEINE ;
LECOINTE ET DUREY, QUAI DES AUGUSTINS, N° 49 ;
PONTHIEU, PALAIS-ROYAL ;
HAUTCOEUR ET GAYET, RUE DAUPHINE.
LEIPZIG, BOSSANGE FRÈRES.
1825.

LA PROVINCE A PARIS.

CHAPITRE XL.

LES MOTIFS DU DUEL.

> Nous sommes dix qui avons vu l'affaire ! eh bien, si chacun de vous la raconte de la même manière, je le croirai.
> LAMOTHE.

« Sonnebreuse, dit Mellevant après que le commandeur et le chevalier de Lersac se furent retirés, ceci ne vous dégoûte-t-il pas de la littérature ? »

— « Non, mon ami : la sottise d'un seul individu cédant aux folles inspirations de son amour-propre ne peut m'éloigner d'une carrière vers laquelle mon penchant me porte, et où j'espère obtenir quelque gloire. Il ne m'est plus possible de conserver sur Paris mes illusions provinciales ; peu de jours ont suffi pour les dissiper presque toutes ; mais je crois cependant que la vie que l'on mène ici est plus agréable, et offre des délassements qui ne se rencontreraient nulle autre part : en un mot, je tiens plus que jamais à assurer le destin de ma tragédie, et je compte toujours sur vous pour m'ouvrir la route que j'aurai à parcourir. »

— « Soit fait, Nectaire, suivant votre volonté. Je vais préparer les esprits ; nous ferons ensemble quelques visites préliminaires, et puis nous parlerons sérieusement d'une lecture, qu'on ne vous refusera pas, qui vous sera au contraire accordée avec une grâce infinie, mais que l'on vous fera attendre, afin de vous laisser apprécier le prix d'une si digne faveur. »

— « Voilà pour l'avenir, cher Joseph; et maintenant le présent m'occupe au-delà de toute expression. Quel bruit ne va pas faire le malencontreux duel dans les diverses maisons de ma connaissance? Je ne me flatte point que le secret en sera gardé; il suffirait du seul commandeur de Villevert pour en répandre, comme il dit, la nouvelle dans toute la ville. Quelle couleur donnera-t-on à ce combat? »

— « La plus noire, la plus maligne, sans doute; les gens qui vous aiment assureront que tous les torts sont de votre côté; ils vous représenteront comme le plus effréné bretteur, toujours disposé à défendre de méchants propos par de mauvaises querelles ; vous passerez pour un envieux, un fou et un furieux. »

— « Vous êtes consolant. »

— « Je vous dis vrai; mais ne croyez pas non plus que votre adversaire soit épargné. Il a des personnes aussi qui s'intéressent vivement à ce qui lui arrive, et celles-là ne le ménageront pas; il aura une part égale dans le blâme, qu'on distribuera de manière à donner constamment de celui de vous deux dont il sera question une opinion défavorable à l'inconnu devant qui l'on parlera de vous. Le monde depuis longtemps suit une marche invariable, et dont il ne s'écarte pas : chez lui l'amitié n'est presque toujours qu'un masque servant à couvrir la haine, la jalousie et les autres viles passions. On se dit l'ami de quelqu'un, tout exprès afin d'avoir le droit de le mieux déprécier en connaissance de cause ; on le peut juger plus sainement, puisqu'on le voit chaque jour ; et loin de prendre sa défense avec la sainte chaleur d'un héroïque sentiment, on le laisse immoler, et on aide par des détours adroits à l'égorgement de la victime. »

Après ce propos et quelques autres sur la même matière, Mellevant se sépara de Sonnebreuse. Celui-ci rentra chez lui accablé de fatigue, et se livrant à ses réflexions, il voulut, pour chasser l'assoupissement qui le prenait, essayer de lire une brochure que son libraire lui avait envoyée : c'était l'Etran..., et, par suite naturelle, un remède pire que le mal. Il n'était point parvenu à la trentième page du premier volume, que ses yeux se fermèrent, et qu'il s'endormit d'un profond sommeil.

Deux heures environ s'écoulèrent pendant ce bienheureux repos, dont Sonnebreuse fut tiré par le bruit d'une porte ouverte avec violence. Il se réveilla en sursaut, et presque à l'instant même il se trouva dans les bras de sa tante, qui, tout à la fois, souriait et versait des larmes. Le directeur de la marquise venait ensuite; et le digne homme levait les yeux au ciel et poussait de longs soupirs.

« Nectaire, s'écria madame de Gameville, êtes-vous donc insensé? Quoi! vous recommencez à Paris vos caravanes de province; vous vous êtes battu, et pourquoi, grand Dieu! parcequ'un de vos amis s'est permis de très légères plaisanteries sur un poëme épique dont vous n'avez terminé que le dernier chant, et dont même le plan général reste encore à faire. »

— « Un si léger motif, ajouta le directeur, devait-il enflammer à ce point votre colère, monsieur le vicomte ? Quoi ! vous précipiter dans l'appartement d'un jeune homme qui ne vous avait rien fait ; le forcer, le pistolet au poing, à vous suivre au bois de Boulogne ; et là, lorsqu'après avoir essuyé votre premier feu il tire en l'air, vous l'ajustez de nouveau, et mettez sa vie en danger. »

— « Monsieur, dit Sonnebreuse pâlissant de rage tandis qu'il écoutait parler le directeur, avant d'accuser un honnête homme il faut au moins l'entendre. Tout ce que vous venez de me débiter est un tissu d'infâmes calomnies. »

— « Quoi ! Nectaire, dit la marquise, ne vous seriez-vous point battu ? »

— « Ce seul fait est vrai ; le reste appartient au mensonge ; il ne s'agissait pas d'un poëme de ma composition, sorte d'ouvrage auquel d'ailleurs je n'ai jamais songé, mais bien d'une tragédie élaborée par mon adversaire. »

— « Oui, une tragédie, répliqua la dame ; nous savons que vous êtes convenu de le dire, parceque le sujet de votre poëme doit rester secret ; et, en ceci, on admire universellement la conduite généreuse de M. Alphonse. »

— « Je n'ai point été chez lui. En second lieu, nous nous sommes rendus chacun de notre côté derrière Montmartre, et non au bois de Boulogne. C'est lui qui a tiré sur moi, et moi en l'air ; il m'a contraint à recommencer le combat ; et s'il a été blessé, à lui seul en est la faute. »

— « Oui, dit le directeur, c'est à peu près la même chose : il est en fait que vous vous êtes battus pour des vers, et que M. Alphonse a été blessé; le reste est très indifférent. »

— « Non certes pas, monsieur, riposta Sonnebreuse avec véhémence; il ne m'est pas égal que l'on répande que je suis le provocateur, que j'ai fait feu le premier; ceci me paraît digne d'être éclairci, et les cinq témoins du duel pourront dire comment la chose s'est passée. »

— « Mon neveu, modérez-vous quelque peu; cessez de vous livrer à cette pernicieuse philosophie qui vous porte à exposer des jours dont plus tard il vous sera demandé un compte sévère; devenez plus doux, plus raisonnable. Ah! pourquoi vous obstinez-vous à refuser d'entrer en conférence avec monsieur. Il saurait vous ramener dans la bonne voie; il vous marierait d'une manière convenable, et consentirait en récompense à diriger encore votre femme et le reste de votre maison. »

Cette proposition ne charma pas autant le vicomte que madame de Gameville l'eût voulu; mais l'urbanité du premier le porta néanmoins à faire une réponse polie, qui, si elle n'assurait rien pour le présent, donnait au moins de grandes espérances pour l'avenir. M. Nelsor y fut trompé lui-même; car on juge mal ce qu'on désire; et, d'après les paroles de Sonnebreuse, il se figura qu'un jour il perpétuerait sur le neveu l'empire qu'il avait pris sur la tante. Cette pensée le flatta; il prit alors la parole, et annonça qu'il était important de ne pas laisser la version que madame de Gennervilliers faisait de ce combat se répandre dans le monde sans la démentir en tous ses points. Il offrit ses bons offices en cette occasion, et on les accepta avec reconnaissance ; enfin, pour achever d'entrer plus avant dans les bonnes grâces du vicomte, il lui laissa entrevoir qu'il saurait aussi appuyer utilement ses prétentions diplomatiques. Ceci ne pouvait déplaire à notre héros; il commençait à comprendre que pour réussir dans le monde un peu d'aide fait grand bien, et qu'il ne faut pas compter en notre mérite seul pour s'ouvrir les chemins qui doivent conduire aux honneurs et à la fortune.

Madame de Gameville, très satisfaite en résultat de son neveu, partit avec M. de Nelsor; et Sonnebreuse de nouveau se trouva seul. Il ne put souffrir cette solitude, et sortit lui-même peu de temps après. Sa course le mena chez le banquier Dormainge, où il ne s'était pas montré depuis un jour qu'il y avait dîné; car nous n'avons pas suivi exactement notre héros dans toutes ses courses indifférentes. Lorsqu'il parut dans le boudoir, il put remarquer sur la figure des deux dames un air de surprise et de gêne qu'elles n'avaient pas ordinairement. En homme de bonne compagnie, il fit semblant de ne pas s'en apercevoir, et causa des nouvelles du jour, toutes alors politiques. Cependant une occasion s'étant présentée d'adresser un compliment particulier à la virtuose Elléna, il le fit avec sa galanterie accoutumée. La jeune beauté l'écouta attentivement, et puis tout-à-coup prenant la parole, lui demanda si l'époque était fixée de son mariage avec la fille du comte de Saint-Aulin. A cette question singulière, Sonnebreuse tressaillit ; il répliqua néanmoins sans hésiter, que tous rapports étaient rompus entre lui et la famille de mademoiselle Éléonore, sans que de sa part, ni de celle des Saint-Aulin, il y eût eu quelques paroles qui dussent plus tard aider à amener un hymen.

« Ce détour est adroit, dit alors madame Dormainge ; que vous servira-t-il à cacher un secret qui n'en est plus un ? Renonce-t-on à une femme que l'on aime au propre instant où l'on vient de se battre pour elle ? »

— « Moi ! madame, je me suis battu pour mademoiselle de Saint-Aulin ; je vous jure que, si une folie sans pareille m'a obligé à me mesurer avec quelqu'un, il ne faut en accuser que l'amour-propre irascible d'un poëte qui ne peut souffrir qu'on pense différemment de lui sur le compte de ses ouvrages. »

— « Oui, monsieur le vicomte, dit Elléna avec un dépit visible, nous savons qu'il a été convenu entre vous et M. Alphonse qu'on donnerait un motif étranger à la querelle que vous avez eue ensemble. Il adore mademoiselle Éléonore; elle, peut-être, ne le voyait pas avec indifférence. Vous avez paru; vous êtes venu déranger une tendresse sans doute réciproque : Alphonse en a été alarmé; vous avez jugé convenable de le traiter avec une hauteur toute féodale; il s'en est suivi un combat. Vous voyez si nous pouvons être trompées : tout se sait à Paris; il est des gens qui en vain compteraient sur l'incognito. »

Sonnebreuse, presque autant fâché de la nouvelle cause qui était assignée à son duel, entreprit avec chaleur de replacer les faits dans leur exactitude ; il jura ses grands dieux que, plein de respect pour mademoiselle de Saint-Aulin, il n'avait pu, dans le court instant où il fut admis à l'honneur de lui faire sa cour, que l'admirer, et point éprouver de tendresse pour elle. Dans la véhémence de sa défense, il alla jusqu'à parler du sujet qui l'éloignait de la maison du comte. « On m'en a banni, ajouta-t-il, parcequ'on n'a pas trouvé mes opinions assez pures ; on me taxe là de libéral furieux, et dès lors je n'étais plus digne d'être admis aux faveurs du comité secret. »

«—Vraiment, ce que vous me dites là, monsieur le vicomte, me charme beaucoup, dit madame Dormainge, dont la figure prit soudain une expression bienveillante ; il serait trop heureux que des gens comme vous, dont la noblesse est historique, s'élevassent à la hauteur de l'époque en faisant le sacrifice de leurs préjugés. Ces préjugés sont insupportables à toute âme libre et généreuse; ils étaient le produit de l'enfance de la civilisation, et lorsque la société marche vers son perfectionnement, leur destruction doit être la conséquence du progrès des lumières. M. Dormainge sera ravi de vous savoir des nôtres, et à ce titre vous nous permettrez de vous présenter à nos intimes amis; ils se défient toujours un peu des hommes de qualité, mais lorsqu'ils en trouvent de bons, ils les accueillent suivant leur mérite. »

Sonnebreuse remercia la financière de la grâce de ce propos, flatté qu'il était en songeant que comme les libéraux sont les apôtres de la tolérance, de la philanthropie, de la sagesse, ils ne le chicaneraient pas sur de légères nuances, et n'auraient pas, certes, cette effroyable manie des *ultra* d'être exclusifs, en appliquant à la politique la principale maxime du catéchisme, hors de nos opinions point de salut. Elléna, tout autant que sa mère, était satisfaite de l'explication donnée par le vicomte; elle reprit avec lui sa précédente amabilité; et, après avoir récité de très jolis vers de sa composition sur les avantages de l'égalité, elle demanda à Sonnebreuse à voir le cachet armorié qu'il portait à la chaîne de sa montre, écouta ensuite l'explication héraldique de chaque pièce ou meuble de l'écu; de là elle passa à l'histoire de la famille de Nectaire, et apprit avec un véritable intérêt qu'il comptait parmi ses grands oncles, des cardinaux, un grand-maître de Malte, etc., et que son

titre appartenait à ses ancêtres depuis
1227.

« Le duc de..., dit-elle, ne pourrait remonter aussi loin. »

— « Vous savez bien, ma fille, qu'il n'est que d'institution impériale, c'est-à-dire pas grand chose. J'en veux beaucoup au roi de ne pas avoir laissé à la nouvelle noblesse ses toques, ses attributs particuliers, afin qu'on ne pût jamais les confondre avec ces antiques maisons dont l'origine illustre se perd dans la nuit des temps; mais tout est aujourd'hui pêle-mêle; l'égalité en souffre, et l'orgueil seul y gagne. Je n'espère plus qu'en une bonne ordonnance de réformation. »

Sonnebreuse riait intérieurement des idées libérales de la dame, mais il ne laissa pas connaître sa secrète pensée; l'essentiel pour lui était que l'histoire de son duel ne fût pas défigurée, et qu'on ne la chargeât pas d'inutiles ornements : voilà tout ce qu'il voulait. La beauté d'Elléna ne prenait pas sur lui trop d'empire ; madame de Rosange, comme nous l'avons dit, commandait seule en sa tête, et quant à son cœur il ne voulait pas avouer quelle en était la maîtresse véritable.

Le même soir il trouva chez lui une lettre du conseiller-d'état Norval, mise sous enveloppe et scellée de cinq cachets : elle était écrite sur un papier liséré de noir, et contenait ces mots :

« MONSIEUR LE VICOMTE,

»Il est des circonstances où il est »préférable de parler aux personnes »que de leur écrire. Je voudrais vous »entretenir confidentiellement sur un »point qui vous regarde, et dans le-

» quel je suis aussi intéressé. Voilà
» pourquoi je vous fais parvenir cette
» note officielle, qui vous exprimera
» avec clarté mon désir. Demain, à
» deux heures après midi, je serai
» dans mon cabinet. J'ai donné les
» ordres les plus précis pour qu'on
» vous y introduise par l'escalier de
» dégagement qui s'ouvre sur le petit
» jardin de l'hôtel. Veuillez ne faire
» aucune question à celui qui vous
» conduira, et brûlez sur-le-champ
» ma lettre, de crainte qu'elle ne tombe
» en des mains dangereuses.

» J'ai l'honneur d'être, monsieur
» le vicomte, avec une entière consi-
» dération,

   » Votre très humble et dévoué
  » serviteur,

    » DE NORVAL. »

Paris, oc...

Cet écrit, que Sonnebreuse relut

deux fois, ne lui parut pas aussi clair que semblait le redouter le conseiller d'état. Néanmoins il le livre aux flammes, comme on l'en priait, et en se couchant il réfléchit à ce que pouvait lui vouloir son protecteur.

C'est, pensa-t-il, une présentation au ministre dont il s'occupe je gage qu'il n'a pas autre chose à me dire. Cependant il doit causer avec moi d'un cas qui nous intéresse l'un et l'autre. Serait-ce de sa fille? oh! non, la chose est impossible : un homme tel que lui ne parlerait pas le premier sur ce point-là.

Nectaire poursuivait encore le cours de ses idées, lorsque la nature défaillante l'abandonna jusqu'au lendemain au sommeil qui répare et console. Presque à son réveil, le commandeur de Villevert se présenta devant lui.

« Ah! mon enfant, lui dit-il, vous

ne vous plaindrez pas de moi dans cette circonstance; vous ne me reprocherez point de vous plonger toujours dans une mer d'embarras. Je vous secours maintenant, je vous le jure, avec la chaleur de l'amitié. Figurez-vous que toute la ville n'a pas voulu croire au motif de votre duel. Alors, dans votre intérêt, j'ai laissé entendre que vous étiez amoureux fou de mademoiselle Eléonore, et que la jalousie seule avait armé votre bras. Ceci est un sujet digne, il a de plus l'avantage de conduire les Saint-Aulin à vous donner leur fille, et ce serait pour vous la meilleure de toutes les affaires. En quelque lieu qu'on cause du duel, je suis là, et je prends la parole : la passion excuse tout. Les femmes vous plaignent. Ah! je voudrais que vous eussiez pu voir l'effet que ma ruse a produit sur la jeune Servilli. Je fus hier au soir rendre une visite à son frère, et là je vous vengeai de cette ingrate beauté en lui racontant les détails du combat sans en oublier la cause. »

Si jamais Sonnebreuse avait éprouvé contre Villevert un mouvement de fureur, c'était bien dans ce moment. Il demeurait accablé sous la pensée qu'on l'avait présenté à Florestine comme amoureux de mademoiselle de Saint-Aulin. Il ne put en entier contenir son dépit; mais, ne se souciant pas d'en indiquer le motif précis, il se plaignit au commandeur du bruit que celui-ci se plaisait à répandre. Il lui témoigna son regret de ce qu'il ne se tenait pas à la seule vérité, son projet n'étant point dans aucun cas de se rapprocher désormais de la famille du comte, dont la fille ne lui convenait point.

« Voilà comme vous êtes, Nectaire, votre vie se passera dans l'indécision : faites enfin un choix ; prenez en définitive cette dame de Rosange dont Lersac est coiffé. Songez que j'ai peu de temps à rester à Paris, et qu'avant mon départ j'aurais grande joie à vous conduire à l'autel. »

La tendresse de cette phrase ne désarma pas le vicomte, qui ne parut pas plus affectueux envers le commandeur : celui-ci enfin leva le siége. Dès qu'il fut parti, Nectaire, poussé par un sentiment dont il ne voulut pas apprécier toute la force, se hâta d'écrire à Célestin Servilli un billet dans lequel, en lui annonçant le combat qui avait eu lieu, il lui en faisait connaître la vraie cause.

« Je déteste les mensonges, disait

Sonnebreuse, en cachetant son écrit ;
et je veux les détruire partout où je
pourrai le faire. »

CHAPITRE XLI.

SUITE DES MOTIFS DU DUEL.

> Un mot maintes fois nous engage
> au-delà de notre désir.
> Donat.

Nectaire connaissait l'exactitude rigoureuse du diplomate, aussi se mit-il en route de manière à arriver à l'hôtel de ce dernier au moment précis qu'il lui avait indiqué. Un domestique l'attendait dans la loge du concierge ; il se dirigea vers l'escalier dérobé sans mot dire, et Sonnebreuse le suivit, se rappelant l'instruction qu'on lui avait donnée dans la lettre officielle. M. de Norval était à son bureau. Il se leva lorsque le vicomte fut annoncé; et venant à lui avec sa gravité cérémonieuse, il le pria de prendre un siége, tandis que lui-même fut fermer les doubles portes intérieures de la pièce, après avoir verrouillé les premières. Ces dispositions avaient quelque chose de solennel ; elles parurent devoir être les préliminaires d'une importante confidence. Enfin, le conseiller d'état revint à son fauteuil, et après un moment de silence qu'il passa occupé sans doute à réfléchir gravement :

« Monsieur le vicomte de Sonnebreuse, dit-il en hésitant, serait-ce une indiscrétion de vous demander s'il est vrai que vous vous soyez battu hier matin sous les hauteurs de Meudon, avec un jeune homme imbu de ces excellentes opinions qui accordent aux ministres le droit de disposer de la destinée entière du royaume? Est-il vrai que votre querelle ait commencé dans un café du Palais-Royal, où vous passez, dit-on, une grande partie de chaque journée? Est-il vrai enfin que vous ayez critiqué très amèrement et par conséquent d'une manière très imprudente, la marche adoptée par *Leurs Excellences* en général, et plus particulièrement par le ministre secrétaire d'état au département des affaires étrangères? Il est du plus haut intérêt pour vous comme pour moi que vous me répondiez sur-le-champ. Peut-être feriez-vous mieux d'écrire vos réponses... Non, cela nous compromettrait... Cependant un écrit fait foi... Allons... Ah!.. mon Dieu, comme on doit remercier le ciel lorsqu'il a départi ce tact lumineux qui voit au premier coup d'œil ce que l'on doit faire! Vous n'écrirez pas, ce sera moi qui tiendrai la plume; vous approuverez seulement par votre signature l'espèce de procès-verbal que je vais rédiger. »

Pendant cet étrange discours, Nectaire était sur les épines; il voyait d'un côté la ridicule manie d'un homme qui cherchait dans les choses les plus ordinaires à jeter des formes diplomatiques; d'un autre, il admirait comme dans cette bonne ville de Paris on retournait de cent façons différentes le même fait : il convenait enfin en lui-même qu'à T..., la bonne compagnie ne s'y fût pas prise plus adroitement. Il fallait pourtant qu'il répliquât : M. de Norval était là, sa plume à la main, prêt à tracer cette sorte d'interrogatoire. Sonnebreuse ici plus que partout ailleurs tenait à rétablir l'exactitude du point historique. Il n'avait encore renoncé ni à la carrière administrative, ni à madame de Rosange; par conséquent il ne pouvait pas chercher à mécontenter celui qui, tout à la fois, était homme d'état et père.

« Je ne demande pas mieux, monsieur, dit-il posément, que de vous expliquer tout ce qui s'est passé ; je tiens à vous convaincre que je ne me mêle en aucune façon de l'action du gouvernement, et je crois que pour avoir le droit de le blâmer avec connaissance de cause, il faut deviner ou apercevoir une foule de ressorts cachés, dont la marche, en général, échappe au commun du peuple. »

— « C'est là, monsieur, répondit Norval, une très excellente profession de foi politique, elle ne fera pas mal en tête de notre écrit, elle servira à prouver la justesse de votre esprit. »

— « Quant à l'affaire, poursuivit Sonnebreuse, je me hâterai de vous prévenir qu'on l'a absolument dénaturée en vous la répétant : il s'agissait d'une tragédie que j'avais, disait-on, trouvée mauvaise, et d'un poëte, chaud défenseur des fruits de sa verve. »

— « Vous m'étonnez ; quoi ! il n'était pas question de la loi sur le sacrilége, de celle sur l'indemnité ? »

— « Il n'en a pas été dit un mot : des vers assurément n'ont aucun rapport avec de si graves matières ; je puis d'ailleurs corroborer mon témoignage par celui du commandeur de Villevert, du chevalier de Lersac, de M. Mellevant, et de deux autres témoins. Je demeure assuré que leur déposition sera unanime avec la mienne. »

— « M. de Sonnebreuse, dit le conseiller d'état en posant la plume après avoir écrit le nom de ces messieurs; les hommes publics sont sujets à être étrangement circonvenus : hier à trois heures trente-cinq minutes, une dame que je ne puis nommer, mais qui a quelque crédit, et que je respecte beaucoup, m'a raconté l'histoire de votre duel dans le sens des questions que je vous ai faites ; elle a été sans doute elle-même trompée, et elle m'a contraint à partager son erreur. Je ne vous cacherai pas que votre imprudence m'avait effrayé; je me voyais compromis moi-même dans ces indignes propos ; car enfin seul j'ai parlé de vous au ministre, et tout le blâme serait retombé sur moi. Me voilà tranquille; nous n'avons qu'à nous montrer fermes à vos ennemis, et ils rentreront dans le silence. »

Sonnebreuse remercia M. de Norval

de l'intérêt qu'il lui portait, et, par de nouveaux détails, acheva de lui montrer avec clarté que dans tout ce qui s'était passé, il n'avait aucun tort, et surtout que les actions du ministère n'étaient entrées pour rien dans cette fatale querelle. Le conseiller d'état annonça alors au vicomte qu'il devait se tenir prêt à paraître au premier moment chez *Son Excellence*, sa nomination étant dans le portefeuille du roi. Il ne fit cette révélation qu'avec beaucoup de mesure, et toujours en recommandant un sévère secret ; puis il fut ôter les verroux mis aux portes, rendant par là la liberté à Sonnebreuse. Celui-ci lui ayant demandé s'il n'avait plus rien à dire, et ayant reçu une réponse négative, se retira, curieux qu'il était de paraître chez la baronne de Rosange, afin de savoir ce qu'elle pensait de ce combat déjà tant répandu et dont le bruit avait dû venir jusqu'à elle.

La jeune veuve était seule: dès qu'elle eut reconnu Sonnebreuse, elle lui dit avec gaîté, et en lui présentant un bouquet qu'elle tenait à la main: « Beau chevalier, ceci vous tiendra lieu de palmes, vous défendeur des dames, et qui même soutenez celles que vous connaissez à peine »

— « Mon devoir, madame, est de les servir toutes et d'en aimer une. »

— « Voici en quoi vous avez failli, paladin renommé; car on vous accuse de partager votre cœur, et j'en ai la preuve certaine dans votre rencontre d'hier. »

— « Du moins ne pensez-vous pas comme votre respectable père, qui croyait naguère que je m'étais battu contre un champion du ministère; mais sortez aussi de votre erreur sur mademoiselle de Saint-Aulin.... »

—» Et qui vous a dit qu'il fût question d'elle? personne n'y songe. Le bruit public ne parle que de la *dilettanti* Elléna; c'est pour elle...

— « Oh, madame, ceci devient trop fort, et la méchanceté pour me nuire s'est repliée en cent façons. Chaque personne que je vois depuis hier a été instruite à part ; on a fait pour chacune un conte différent. N'est-il pas insupportable que dans ce Paris, où l'on agit avec tant de liberté, où nul ne se mêle de la vie des autres, la plus légère action soit commentée, brodée, amplifiée avec une telle promptitude? Je n'en reviens pas ; cependant faut-il bien que je vous désabuse. Vous saurez donc... » Ici Sonnebreuse recommença un récit qu'il avait déjà fait tant de fois, et parvint à convaincre la baronne de la véracité de ses assertions.

— « Je ne vous cache pas, lui dit-elle, que j'étais piquée de la cause de ce duel. Elléna sans doute est jolie, mais se battre pour elle, et non pour celles qui valent mieux, eût été une indigne folie. Tenez, monsieur de Sonnebreuse, lorsque l'on veut se faire aimer d'une femme, on ne doit voir que sa société. »

Une légère rougeur colora le visage de la baronne, lorsqu'elle eut prononcé ces mots.

— « Je suis de votre avis, riposta Nectaire ; aussi j'exigerais également de la femme à laquelle je plairais de ne plus admettre dans son intimité des hommes qui ont eu ou qui peuvent peut-être encore avoir des prétentions sur son cœur. »

— « Oui, vous avez raison ; de part et d'autre il convient de se faire des sacrifices, mais qui commencera ? »

— « Le plus tendre. »

— « Ceci donnerait envie de fournir promptement la preuve qu'on est digne de cette qualification. »

— « Eh bien, madame, je suis prêt à rompre des liaisons qui pourraient vous déplaire ; mais vous, ne cesserez-vous pas de recevoir.... »

— « Monsieur le général de...., dit un domestique en annonçant, et tout en même temps nommant celui que Sonnebreuse hésitait à désigner. Le général entra, et la présence de son rival lui déplut. Ce dernier n'était guère charmé, d'une autre part, de sa visite intempestive ; elle venait interrompre une conversation décisive, et le pauvre Nectaire avait la bonhomie de s'en affliger : quant à la jeune veuve, elle parut presque joyeuse d'avoir échappé à la fixation définitive de son sort, malheur qu'elle redoutait beaucoup ;

elle s'en montra presque reconnaissante en accueillant avec bienveillance le militaire. Ceci ne put avoir lieu sans courroucer Sonnebreuse, désespéré de tant de coquetterie ; dans son dépit il quitta la partie. Vainement la baronne, fâchée de son prompt départ, le pressa de revenir faire avec elle et ses parents un dîner de famille. Une excuse assez sèche fut sa réponse; et il s'éloigna en disant encore une fois.

— « Ah, Florestine! ah, Florestine! toi seule savais aimer, et c'est toi que je ne posséderai pas. »

Voilà les hommes : il chérissait celle dont il ne cherchait presque point à se rapprocher, et se montrait empressé vers d'autres qui laissaient son cœur entièrement muet.

CHAPITRE XLII.

LES ACTEURS D'UN THÉATRE DE PARIS.

> Nos revenus nous sont payés en espèces par le public qui en possède le fonds; nous vivons toujours dans la joie, et nous dépensons notre argent comme nous le gagnons.
> — Lesage, *Gil. B.*

« Nous sommes bien plus heureux
» que je l'espérais, mon cher Sonne-
» breuse ; vous deviez naturellement
» attendre quelques mois avant de pou-
» voir obtenir une lecture de votre pièce
» au théâtre auquel vous la destiniez: la
» fortune en décide d'une façon plus fa-
» vorable. Un auteur de mes amis a pro-

» messe d'un jour assez prochain ; des
» raisons qui lui sont particulières ne
» lui laissant pas la liberté d'en profi-
» ter, il consent à vous le céder. C'est
» là un grand obstacle de moins que
» nous aurons à vaincre. Maintenant,
» si au palais on cherche à voir ses ju-
» ges, on doit agir de même au théâ-
» tre, où, sans craindre d'offenser leur
» conscience, on peut tâcher de les
» influencer. Je serai chez vous de
» bonne heure, et nous ferons le ma-
» tin une tournée qui servira utilement
» à vos desseins de gloire. Adieu, at-
» tendez-moi et aimez-moi toujours. »

MELLEVANT.

En lisant cette lettre, Sonnebreuse sentit battre son cœur ; il allait commencer une nouvelle carrière. Il se rappelait malgré lui tous les dégoûts dont tant de gens lui avaient annoncé qu'elle était semée ; les pages entières de notre inimitable Gil Blas de Santillane se retraçaient dans sa mémoire; il tremblait d'avoir à souffrir des tribulations peu compatibles avec la fierté de son caractère ; il se voyait déjà au milieu des acteurs persiflé par l'un, rudoyé par l'autre, joué par celui-ci, oublié par celle-là ; sans compter un peu plus tard les auteurs qu'il commençait à connaître, et messieurs les journalistes, à qui Dieu fasse paix, qu'il ne connaissait que trop, car chaque jour leurs œuvres étaient devant ses yeux, et les Mellevant étaient rares. D'une autre part, il portait un regard piteux sur son manuscrit : il l'avait couvert d'un papier vert qu'il supprima afin de ne pas fournir de texte à de misérables plaisanteries sur l'espérance ; il le remplaça d'abord par une couverture bleue, symbole de la fidélité, qu'il ôta promptement par égard pour de fort aimables actrices. Le rouge fut encore proscrit comme emblème du martyre; il craignit par le jaune d'éveiller le désir de la trahison; enfin il termina ses incertitudes en choisissant un papier marbré de toutes couleurs, qui ne pouvait servir de texte à aucun trait d'esprit de la part de gens qui en ont beaucoup.

Mais si Nectaire s'occupait avec tant de vivacité de la forme extérieure de sa tragédie, avec combien plus d'agitation il se remit à la lire! comme, presqu'à l'heure fatale, il demeura frappé d'une foule de défauts soupçonnés à peine la veille! que de mots faibles, de phrases embarrassées, de tirades même à changer, à supprimer, à abréger! Le rôle du tyran n'était pas assez fort, la jeune princesse lui semblait trop tendre, le héros devait parler avec plus d'énergie, et il y avait un certain pontife qui s'exprimait trop franchement; et tout aussitôt des corrections, des ratures, des surcharges avaient lieu; car Sonnebreuse avait hâte. Encore deux heures, pensait-il, et je serai chez mes juges; ils me demanderont certainement à voir les pièces de mon procès, et faut-il, si je les montre, qu'elles soient écrites de manière à les charmer.

Mellevant, lorsqu'il parut dans le cabinet du vicomte, trouva celui-ci tout enfoncé dans le travail que nous venons de décrire, et dont le motif lui fut expliqué par le novice auteur. Mellevant ne fit aucune observation, se contenta de sourire, et engagea son ami à terminer la tâche qu'il avait entreprise; car il n'y avait pas de temps à perdre si on voulait rencontrer en leurs logis ceux auxquels on avait affaire. Sonnebreuse jetant à la hâte un dernier coup d'œil sur son ouvrage, roula celui-ci, et suivit, en véritable protégé, monsieur le journaliste, qui marchait le premier, la tête haute, en homme qui savait combien son importance augmentait en cet instant.

« Je commencerai par vous mener, lui dit-il, chez une actrice qui ne joue pas la tragédie, mais dont les talents dans le genre comique ont depuis long-temps fixé l'attention du public: chaque jour sa réputation augmente, car elle ne se repose pas sur ses nombreux succès. Elle s'occupe de son art en véritable débutante; aussi recueille-t-elle le fruit de son opiniâtre travail. Elle cultive en outre les beaux arts, ils font le bonheur de sa vie autant qu'ils ajoutent aux charmes que nous trouvons dans sa société. Étrangère aux cabales ; elle ne veut rien devoir qu'à elle-même ; et le public, en récompense, la traite en enfant chéri. Je l'aime autant que je l'estime, et vous me remercierez de vous l'avoir fait connaître. »

Sonnebreuse allait répondre, mais on était devant le lieu où il fallait s'arrêter. Les deux amis entrèrent dans la maison ; ils furent reçus avec amabilité par la dame à laquelle ils apportaient leurs hommages ; elle jouait de la harpe, et un chevalet, une palette et des pinceaux placés auprès annonçaient encore un autre talent qu'elle possédait. Elle promit de tout faire pour celui auquel Mellevant s'intéressait. « Ce sera, ajouta-t-elle, avec d'autant plus de désintéressement que je n'aurai rien à démêler avec votre ouvrage. »

Le vicomte, par galanterie, lui promit aussitôt une comédie faite exprès pour elle ; et Mellevant sourit encore, car il souriait toujours lorsqu'il voyait l'amour-propre aux prises avec lui-même, et dans la vie cela arrive assez souvent.

De chez la belle actrice, on passa dans la demeure d'un acteur voisin. Ici, après avoir avec assez de difficulté franchi la loge du portier, qui se mourait d'envie de couper le passage aux solliciteurs, ils pénétrèrent dans une antichambre dans laquelle les arrêta brusquement une jeune et jolie femme de chambre qui, les regardant à peine, leur demanda ce qu'ils voulaient.

« Nous souhaiterions parler à monsieur Dubreuil, mademoiselle, répliqua Mellevant du ton le plus humble; et ce serait une grande grâce que vous nous feriez si vous vouliez nous annoncer. »

— « Ah ! j'entends, répliqua la fière gouvernante, ces messieurs sont des auteurs; tout à l'heure encore je viens d'en renvoyer trois, car Dubreuil..., M. Dubreuil, veux-je dire, sort à peine de son bain, et il est sur son canapé, où il prend un bouillon : on ne peut par conséquent parvenir jusqu'à lui; mais, si vous pouvez revenir de mardi prochain en quinze, et que ce jour-là il ne joue pas, alors... »

— « Mademoiselle, dit en réponse Mellevant, avec autant de dignité que la première fois il s'était montré modeste, allez dire à votre maître que le rédacteur en chef du journal..., veut le voir tout de suite, ainsi que le vicomte de Sonnebreuse que voilà. »
Il y a sans doute quelque chose de magique dans le seul titre de journaliste

qui agit d'une manière surprenante, tant sur les comédiens que sur les subalternes de ceux-ci ; car au titre imposant dont Mellevant se para, la jolie femme de charge changea aussitôt de manière ; elle salua deux fois le redoutable écrivain, et puis, le priant, lui et son compagnon, de passer dans un salon voisin, elle s'échappa promptement, afin d'aller prévenir Dubreuil de la visite. Elle resta peu, et revint annoncer avec empressement que l'illustre personnage était visible.

Dubreuil était en effet couché sur une chaise longue ; mais il se leva promptement à la vue du journaliste et de Nectaire. Il vint à eux et ne craignit pas d'offrir sa main au premier, qui en retour lui tendit la sienne, et en même temps présenta le vicomte, auquel on fit pour sa part une toute gracieuse inclination de tête. L'acteur, par respect pour monsieur le rédacteur, ne se recoucha pas; il se contenta d'un fauteuil, et après les premières civilités, il se plaignit à Mellevant de ce qu'on le voyait à peine.

« Vous vous conduisez mal envers moi, lui dit-il de l'air le plus affectueux, vous savez combien je vous aime, et vous ne venez jamais dîner chez moi : cela n'est pas bien ; vous et vos confrères me ferez toujours un extrême plaisir lorsque vous viendrez vous asseoir à ma table. » «Et que nous vous placerons convenablement dans nos feuilletons», dit le malicieux Mellevant bien instruit que pour réussir il faut toujours un peu se faire craindre ; car on a beaucoup plus d'égards pour l'homme qui tient son rang que pour celui sans trêve à genoux devant ceux dont il a besoin.

—« Vous êtes un méchant, répondit

Dubreuil ; je ne vous demande rien ; mais vous me voyez jouer et vous êtes mon ami. Ce n'est pas que je sois indifférent à un éloge qui vienne de vous; j'apprécie trop votre goût délicat, votre savante critique, surtout votre impartialité, pour n'être pas flatté lorsque mon jeu a su vous plaire. Oh ! vous avez un tact, une connaissance du monde, de la littérature, des traditions théâtrales...

— « Vous avez dû être alors content de mon dernier article sur votre camarade Flurbel. »

— « Ah ! pas entièrement, si vous me permettez d'être sincère: où donc avez-vous pris qu'il ressemblât à... Il n'a rien de commun je vous jure avec ce célèbre acteur ; nous jouons ensemble depuis dix ans ; nous nous confions nos plaisirs et nos peines ; on nous appelle Oreste et Pylade ; mais son débit est mou, son geste trivial; il manque de mémoire, et je ne vous cacherai point qu'il dit du mal de vous. A propos, je vous recommande Melcour notre jeune débutant, bon sujet, il fera son chemin. »

— «Allons Dubreuil, vous voulez rire: c'est un polichinelle et non un acteur; son métalent éclate dans toute sa personne. »

— « C'est possible, mais il ne cabale pas; il ne paie jamais de claqueurs pour se faire applaudir lorsqu'il me double. Avec lui, je ne craindrai point les mauvais procédés qui font tout-à-coup un égal de notre inférieur. Tenez, mon ami, vous avez beau dire, mais ce bon Melcour mérite d'être encouragé. »

— « Eh bien, mon cher seigneur, je ferai pour lui quelque chose, si toutefois vous vous engagez également à m'obliger. Voici mon ami le vicomte de Sonnebreuse, homme de hautes qualités, qui possède aujourd'hui cent mille francs de rente, sans compter de vastes espérances pour l'avenir : il a dans son portefeuille une tragédie; il veut la lire à votre société, et comme votre influence est grande sur celle-ci, je vous demande en sa faveur d'employer votre protection puissante. »

— « Certes, avec grand plaisir, je m'engage à obliger monsieur : un personnage dans sa position ne peut avoir que du mérite, et je ne doute pas que sa tragédie ne soit excellente. Je serais même charmé de la connaître avant qu'elle soit présentée au comité, et s'il veut convenir d'un jour.... »

— « Lorsque vous voudrez, répliqua Sonnebreuse, je suis libre de mes instants, et même je ne vous cache point que j'ai sur moi mon ouvrage. »

Il dit, et sort de la poche le rouleau ; il allait peut-être même le déplier, lorsque l'acteur, tout épouvanté d'avoir été pris au mot, fit un geste de la main pour repousser le manuscrit qu'on lui offrait.

« Vraiment, s'écria-t-il, ce sera pour moi une bonne fortune que d'être admis à la lecture d'une pièce si remarquable ; nous déciderons plus à loisir du moment où nous nous en occuperons. Faites-moi prévenir une semaine à l'avance, et je serai tout à vous. »

Mellevant ici songea qu'il fallait faire une autre course ; il se leva, et son action ramena le calme dans le cœur de Dubreuil, qui ne pouvait souffrir de lire une pièce en tout autre lieu que dans le comité. Sonnebreuse médiocrement satisfait du peu d'empressement de cet homme à connaître un ouvrage qu'il assurait devoir être si remarquable, suivit son ami qui fut accompagné par le comédien jusqu'à la moitié de l'escalier ; là on se sépara du meilleur accord du monde. Et lorsque Dubreuil crut ne pouvoir plus être entendu :

Dieu soit loué, dit-il ! je l'ai échappée belle ; est-ce là un vrai auteur ? ne me prenait-il pas à la gorge ; n'allait-il pas me forcer à ouïr cinq actes tout entiers !... cinq actes !... Ils ne se doutent pas, ces messieurs, de ce que c'est que cinq actes !

« Eh bien Nectaire, dit Mellevant, lorsqu'ils furent dans la voiture : êtes-vous content des deux protections que je vous ai assurées ? »

— « Celle de la dame passe, mais quant à celui que nous quittons... »

— « Ne vous a-t-il pas dit que votre tragédie était très remarquable. »

— « Il n'a pas voulu seulement ouvrir le cahier. »

— « Oh! pour juger, il n'en a pas eu besoin, le coup d'œil d'un acteur est si fin, si exercé, qu'au seul poids, qu'à la seule vue d'un manuscrit, il en devine parfaitement le fort et le faible. Je gage que sur cent pièces reçues, deux à peine ont subi une épreuve préparatoire ; mais nous allons passer chez un autre personnage, celui-ci se mêle de littérature, et vous aurez lieu de vous louer de sa conversation. »

CHAPITRE XLIII.

QUELQUES AUTRES ACTEURS.

> Un auteur ! cette race nous poursuivra partout ! à quelle époque me laisseront-ils en repos ?
>
> CAILHAVA.

La facilité avec laquelle les domestiques du comédien Valmont laissèrent pénétrer jusqu'à lui Mellevant et Sonnebreuse fut de bon augure pour celui-ci. On les conduisit dans une petite galerie ; à peine y étaient-ils entrés qu'une épaisse vapeur de fumée de charbon les saisit à tel point qu'il fallut sur-le-champ ouvrir deux fenêtres afin de les faire respirer. Le nuage sortait d'une salle voisine dans laquelle Valmont était occupé à surveiller plusieurs appareils chimiques. Il faisait de mauvaises liqueurs, des décompositions de substances diverses, le tout dans le but de cacher un travail secret : notre homme cherchait la pierre philosophale, et n'ayant pu la rencontrer au théâtre, il espérait la trouver au fond d'un matras. Lorsqu'on lui eut annoncé la visite qui lui survenait, il sortit de son laboratoire, dont il remit la garde à un jeune garçon qui, chez lui, remplissait plusieurs emplois, et s'avança pour recevoir les nouveaux venus. Mellevant, grâce à ses fonctions hebdomadaires, était connu de tous les soutiens du théâtre. Un accueil gracieux lui était assuré ; car il ne tançait que rarement, et louait avec joie toutes les fois qu'il en trouvait l'occasion. Valmont en savait quelque chose ; aussi dans cette circonstance jura-t-il ses grands dieux de prendre le plus vif intérêt à la tragédie du vicomte de Sonnebreuse.

« Monsieur, dit-il, en s'adressant à celui-ci, je ne doute pas que votre œuvre n'étincelle de beautés du premier ordre ; mais pour mieux en juger je voudrais la connaître afin de vous dire mon avis, et de vous engager à faire les changements que ma vieille routine de théâtre me fera apercevoir, sans compter les légères connaissances en littérature que je dois à une étude particulière des grands modèles anciens et modernes. »

Enfin, pensa Nectaire en lui-même, en voici un qui ne craint pas de lire ma tragédie. J'ai donc bien fait de l'apporter avec moi, et sur-le-champ je vais la lui confier. Il tire en même temps le manuscrit, et, d'un air modeste, le présente à Valmont: celui-ci le prend, le soupèse d'abord, puis ayant dénoué le cordon qui l'environnait, l'ouvre et s'attache au titre. Sennachérib. Le sujet est donc religieux? Ce genre, que de nos jours on a voulu remettre à la mode, ne réussit pas, je vous le dis franchement. Néanmoins *s'il renferme des beautés du premier ordre,* nous pourrons en tirer parti. Un, deux, trois, quatre, cinq, six, sept personnages ; c'est bien ; il n'y en a pas trop. Mon rôle sera-t-il *conséquent ?* »

— « Il occupe la scène la plupart du temps. »

— « Ce sera beaucoup de fatigue ; mais n'importe, je m'en chargerai lorsqu'il en sera temps. »

Puis tout bas il lit çà et là une douzaine de vers, et tout haut s'écrie :

« Style pur, pensées nobles, *beautés d'un ordre supérieur ;* voilà plus qu'il n'en faut pour obtenir un succès colossal. Reprenez votre ouvrage, monsieur, il me donne la plus haute idée de votre talent. Je suis enchanté ; et maintenant que je sais à fond cette tragédie, soyez persuadé que je la ferai recevoir. Je vous préviens seulement que nous devons faire passer avant elle sur notre théâtre douze autres tragédies qui toutes ont obtenu un tour de faveur. Cela vous étonne n'est-ce pas ? On nous a peut-être peint à vous comme des gens féroces, durs, hautains, qui ne se laissent jamais attendrir ; eh bien vous voyez le contraire ; nous contentons les auteurs autant que cela dépend de nous ; des tours leur sont accordés avec une facilité extrême : et puis qu'ils aillent grossir la masse des mécontents, certes ce serait mal à eux. »

Sonnebreuse, à mesure que cette scène se jouait, ne pouvait revenir de sa surprise; il regardait Mellevant comme pour s'en faire un appui; mais le traître journaliste restait la tête basse, et semblait être étranger à la conversation. Valmont un instant ayant gardé le silence, et voyant qu'on ne lui répondait pas, reprit la parole.

« Monsieur le vicomte, dit-il, je ne vous cacherai point qu'à l'époque où il sera temps de distribuer vos rôles je vous demanderai de ne point m'exposer à paraître sur le théâtre avec deux de mes camarades et une de nos dames que je désignerai : en butte à leur noire méchanceté depuis plusieurs années, je ne veux à aucun prix me rencontrer avec eux. »

Ici Valmont, poursuivant, commença à parler avec une telle amertume sur le compte de ses compagnons, sur leurs querelles, leurs jalousies, leurs animosités ; il révéla si bien le secret de leur intérieur, leur vie entière fut soumise à une si complète investigation, que Nectaire crut entendre parler les acteurs du théâtre de T...., et qu'il comprit enfin que ceux de Paris avaient, avec beaucoup de talent, les mêmes faiblesses. Cependant, si son ouvrage n'avait pas été lu, déjà il entrevoyait dans l'éloignement des intrigues qui en troubleraient les répétitions. Il se consola en songeant que du moins il serait reçu, et peut-être un jour enfin exposé au jugement du parterre.

Le littérateur Valmont rêvait aussi en lui-même au grand œuvre dont il s'occupait ; il avait hâte de revenir à ses fourneaux, à ses creusets, et plusieurs fois en s'agitant sur son fauteuil il avait essayé de faire partir le tenace auteur qui, tout à son œuvre, ne voyait rien après. Mellevant ayant plus de sang-froid, car il n'avait ni alchimie ni tragédie en tête, termina enfin l'entrevue à la haute satisfaction de l'artiste.

Les deux amis passèrent ensuite chez une soubrette qui ne les reçut pas; chez un premier rôle, qui demanda au poëte de retrancher vingt ans de l'âge du héros de sa pièce ; chez un valet qui ne se gêna pas pour déclarer que jamais il ne recevait une tragédie; chez un père noble, qui, attendu sa jeunesse, faisait une partie de volant avec sa femme ; chez une ingénue qui se montra revêche et maligne. Enfin, partout où les deux amis furent reçus, Sonnebreuse trouva une ample matière à réfléchir, et la profession d'homme de lettres cherchant à faire jouer ses pièces, ne lui parut pas la plus séduisante de toutes celles qu'on pouvait embrasser. Néanmoins, comme le feu sacré brûlait en lui, il ne se découragea pas, et se jura en lui-même de persister jusqu'au bout.

Parmi les offres obligeantes que messieurs les comédiens lui avaient faites, celle de presser l'instant de la lecture qu'il demandait était sans doute la principale. On lui désignait un jour très prochain. Ce jour parut; mais un billet très poli du secrétaire de l'assemblée remit le vicomte à huitaine : il fallut patienter jusques à cette époque. Le bout de la semaine arriva : Sonnebreuse se disposait à partir pour le comité : nouvelle lettre, nouveau retard, des répétitions : des acteurs malades étaient les prétextes qu'on opposait à son désir; il se mourait de colère ; et dans son désespoir il fut porter ses plaintes à l'un des sociétaires qui lui avait montré le plus de bienveillance.

Celui-ci l'écouta avec attention et même avec surprise ; il eut quelque peine à comprendre comment au bout de quinze jours un auteur n'avait plus de patience ; cela lui parut très singulier ; il le regarda presque comme un phénomène. Cependant, en faveur de Mellevant le journaliste, Sonnebreuse méritait une sorte de considération ; alors le sociétaire lui parlant avec une extrême affabilité :

« Monsieur, lui dit-il, puisque vous êtes si pressé et que vous ne pouvez attendre avec ce flegme qui sied si bien à l'homme de lettres, je vais vous donner un conseil utile à l'accomplissement de vos vœux. Vous allez en rentrant chez vous écrire à notre comité, pour vous plaindre des délais apportés à votre lecture ; vous nous prierez de mettre fin à de pareils retards, et surtout vous nous demanderez une prompte réponse. Ce soin rempli, ne manquez pas au jour de notre plus prochaine assemblée, de venir vous-même au théâtre réclamer cette réponse que bien certainement on ne vous aura pas envoyée. Je ne doute pas que mes camarades épouvantés de votre insistance, ne pouvant concevoir que vous puissiez vous flatter d'obtenir dans vingt-quatre heures une lettre qui exige six mois de réflexion, ne traitent avec vous plutôt que de vous écrire, et qu'à la suite de cette conférence, le jour où l'on devra vous entendre ne soit définitivement décidé. »

Sonnebreuse de son côté avait bien quelque peine à comprendre l'importance que messieurs les sociétaires attachaient à une chose si naturelle. Il promit pourtant de se conformer de point en point aux conseils de son protecteur qui avait blanchit dans les intrigues des coulisses, et il se retira pour aller rêver aux phrases éloquentes et pathétiques dont il ornerait son épître. Nous verrons plus tard les suites de cette démarche ; elle coûta cher à celui qui osa l'entreprendre et se jeter dans une route inusitée, celle de se plaindre d'un déni de justice ; car au théâtre, comme chez les grands, le murmure est un crime, et la plainte écrite une révolte ouverte.

Avant donc ce moment, le vicomte crut convenable à ses intérêts littéraires de revoir M. Dorval et les principaux littérateurs auxquels celui-ci l'avait présenté; il se rendit aussi plus exactement aux dîners donnés à plusieurs beaux-esprits par madame Dormainge, et son apparition dans cette maison charma la jeune Elléna, qui, comme souvent nous l'avons répété, ne rêvait qu'à poser sur son front une couronne féodale. Le ton général de la société de sa mère, n'était pas en rapport avec ses idées particulières; on ne recevait guère dans ce lieu que les républicains de l'empire, et les nobles de la révolution; là principalement on voyait ces hommes qui, ayant suivi tous les phases du pouvoir, avaient vanté la convention, encouragé le directoire, adulé l'empereur, flatté le roi, lors de son premier retour; qui étaient redevenus impériaux durant les cent jours, et qui depuis ne prêchaient que l'égalité parceque la cour n'avait plus voulu de leurs services. C'était une chose plaisante que de les entendre parler. A les croire, nul d'entre eux n'avait depuis trente-cinq ans varié d'opinion ; ils méritaient de prendre place dans le Dictionnaire des immobiles, se plaignant avec amertume que leur nom n'eût pas été inscrit dans cet ouvrage. Les fauteurs de la police impériale, et il n'en manquait pas, s'indignaient avec une extrême véhémence contre les entraves mis à la liberté par la police royale ; ils oubliaient, les bonnes gens, leur ardeur à museler tout ce qui avait pendant leur règne l'apparence d'une pensée. On les entendait dévouer au mépris public messieurs de la censure, et l'on admirait comment un juste retour sur eux-mêmes ne les rendait pas plus indulgents pour ce genre de méfait.

Il y avait là encore de très plaisants personnages, c'étaient ces procureurs, ces pharmaciens, ces avocats, véritables tribuns du peuple à nos assemblées nationales, qui avaient en une renversé l'édifice antique de la noblesse, aboli les titres, les honneurs, les décorations ; leur haine pour les institutions chevaleresques dura tant qu'elles ne leur furent pas offertes : mais lorsque Napoléon, qui les connaissait, car il les avait vus de près, leur eut jeté cette brillante amorce, tout aussitôt nos gens se remuèrent d'étrange sorte pour se revêtir effrontément des insignes qu'ils avaient supprimés ; tous âpres à la curée, tous voulant des majorats, des baronies, des comtés, et tel d'entre eux, parti de la boutique de chapelier de son père, mourait de désespoir parceque le manteau ducal lui était refusé.

Un nouvel ordre de choses s'était établi ; ceux dont ils avaient anéanti les titres se les étaient eux-mêmes rendus avec une certaine libéralité qui tenait de la profusion. Forts de la conduite de leurs usurpateurs, ils les accablaient de tant de légitimes railleries, ils leur montraient un si fier dédain de leur noblesse toute nouvelle, que les seigneurs impériaux jugèrent convenable de redevenir républicains en parole, sans pour cela faire effacer de leurs cachets, leur argenterie et leurs voitures, les jeunes armoiries, en général si comiquement composées. Dès lors on n'entendit plus ces bons apôtres que crier après la féodalité, et nous menacer de sa présence. A les entendre, la dame préparait son char héraldique pour rentrer en triomphe dans la France, malheureuse de son retour : ils oubliaient que si jamais elle y reparaissait, à eux seuls en devait être attribué la faute ; car si tous avaient sous l'empire repoussé avec indignation la noblesse ; qu'au contraire ils acceptèrent à genoux, peut-être nos rois n'eussent pas songé à rétablir celle qui, depuis trente ans, n'existait plus.

Enfin dans les salons de madame Dormainge circulait cette foule d'auteurs maintenant libéraux, attendu que, pour être lu, il faut fronder les institutions établies ; ces girouettes qui de long-temps n'écrivent que pour l'opinion du moment; qu'on pourrait réfuter en faisant imprimer en regard de leur dernière production, celle qu'ils ont publiée dix ans auparavant; mais qui, lorsqu'on les oppose à eux-mêmes, ne se laissent pas décourager ; ils crient à l'injustice, à la mauvaise foi, cherchant à faire admettre la doctrine que chaque chose est bonne en son temps, et qu'il y a de l'injustice à reprocher à un homme ce qu'il a pensé autrefois; principe commode, mais que le sage n'accordera jamais.

Nectaire, au milieu de cette foule hétérogène, ne savait à qui s'adresser pour causer sur un point fixe. Parlait-il à un abbé célèbre, voilà que celui-ci marquait des époques qu'il séparait par un trait de plume, et puis il disait: Causons de là jusque là, alors vous me trouverez fidèle à tout ce que j'ai écrit durant cette période de mois ; mais si nous prenons à la fois notre matière à dispute, avant ou après, je conviens que mes opinions vous paraîtront incertaines.

« Ce que monsieur avance est profondément pensé, » ajoutait un publiciste accoutumé à chanter la palinodie de la veille au lendemain, lui qui se couchait ami d'un parti et qui à son réveil se trouvait engagé dans un autre, et toujours donnant d'excellentes raisons pour motiver sa conduite légère. Maintenant il était de l'opposition sans trop savoir pourquoi, et on devait s'attendre à le voir changer de bannière au premier moment; déjà même, par sa présence au château à une certaine époque assez récente, il avait montré sa bonne envie de s'accommoder : car les haines ne sauraient être longues, et surtout il lui est insupportable de déclamer longtemps sur le même sujet.

La circonspection de Sonnebreuse, éveillée par ce qui lui était arrivé chez le comte de Saint-Aulin, ne lui permit pas, dès les premiers jours, de montrer publiquement sa façon véritable de penser au milieu du cercle Dormainge ; il écoutait beaucoup plus qu'il ne parlait, faisant de profondes réflexions sur la faiblesse réelle de l'esprit humain, et confondu en voyant de près ces réputations prétendues héroïques, promptes à faiblir au moindre choc. Ce qui lui rendait agréable la maison du banquier, était la réunion des artistes célèbres qu'il y rencontrait. Tous les musiciens, les peintres habiles venaient tour à tour en ce lieu ; ils y portaient un esprit agréable, une extrême envie de plaire ; la morgue des hauts personnages déchus n'était point accueillie par eux ; ils étaient simples, faciles, ils s'amusaient comme des enfants de la moindre chose, et leurs talents, dont ils ne se paraient pas, n'en étaient que plus admirables. Elléna savait les engager à se montrer sous un jour favorable, et dans ces instants où elle les inspirait, Sonnebreuse, qui la regardait avec attention, ne pouvait s'empêcher de la comparer à la plus séduisante des muses.

CHAPITRE XLIV.

UN MAGASIN DE MODE.

> Il est des modes pour tout, et l'on voit
> jusqu'à des amours à la mode.
> *Dict. des Gens du monde.*

Durant quelques jours, Sonnebreuse respira, car il n'était plus le but des commérages de la société; il voyait moins le commandeur de Villevert, qui annonçait son très prochain départ : il n'était pas rencontré par le chevalier de Lersac; il avait cessé toutes ses relations avec les Saint-Aulin, et madame de Gennervilliers ne se montrait plus chez la marquise de Gameville. Le bruit du duel s'éteignait au milieu de cent nouvelles plus récentes, et par conséquent d'un bien autre intérêt; on ignorait encore les démarches que faisait le vicomte pour faire recevoir sa tragédie; et M. de Norval, en habile diplomate, manœuvrait secrètement avec tant de dextérité, que la nomination de Sonnebreuse à la charge de maître des requêtes était assurée.

Celui-ci, charmé de ce calme parfait, allait très exactement, soit chez le conseiller d'état, soit chez la jeune veuve, soit enfin chez les Dormainge, sans oublier l'aimable Dorval, qui le traitait avec une véritable amitié. Deux fois il était revenu dans l'hôtel de la rue Saint-Victor, où logeait la famille Servilli ; la première, il avait rencontré Célestin, mais non pas Florestine, qui toujours était invisible ; la seconde, on lui dit que le chef de bataillon était sorti : ceci lui fit quelque peine, car il s'imagina que c'était une défaite pour ne pas le recevoir ; mais comme le hasard le ramena chez lui tout de suite et que ses gens lui remirent la carte de Célestin, il dut reconnaître qu'il avait fait trop promptement un jugement téméraire.

Nectaire, ce jour-là, incertain de quel côté il tournerait sa course, se rappela que la veille il avait discuté dans le salon des Dormainge avec le jeune peintre que le lecteur connaît déjà, le plus ou le moins de mérite d'un tableau du Poussin, celui des filles de Laban à la fontaine ; il voulut revoir cette peinture, afin de mieux juger s'il ne s'était point trompé dans l'opinion qu'il avait montrée, et tout aussitôt il se décida à se rendre au Musée, qui alors n'était pas ouvert à tout le public : pour lui, muni d'une carte du directeur de cet établissement, dont l'urbanité ne saurait assez être louée, il se fit ouvrir la porte, et marcha droit au chef-d'œuvre qu'il avait défendu. Tandis qu'il l'admirait, il s'aperçut tout-à-coup combien la figure d'une des compagnes de Rébecca ressemblait à la belle Florestine Servilli, et il demeura un long espace de temps à admirer des formes gracieuses si bien empreintes dans sa mémoire et dans son cœur. Une seule différence existait entre la peinture et l'original de ce portrait; la jeune Cananéenne était blonde, et les superbes cheveux de mademoiselle de Servilli étaient noirs;

« Oui, se disait Nectaire, rien ne manquerait à cette ressemblance si la couleur des cheveux était changée, et alors ce serait le portrait le plus frappant. Oh! je voudrais l'avoir à moi...; mais cela peut se faire. Parmi ces artistes qui sont ici j'en trouverai un sans doute dont je pourrai employer le pinceau. »

Cette pensée plut à Sonnebreuse; il ne voulut pas retarder à la mettre à exécution; et, s'adressant au premier jeune peintre qui lui parut travailler avec talent, il lui demanda s'il ne pourrait point faire pour lui la copie d'une tête, qu'il lui désigna, dans le tableau du Poussin. L'élève trouva la chose très facile; il fut instruit du changement que le vicomte souhaitait, et il promit que dès le commencement de l'autre semaine il peindrait ce qu'on désirait. Nectaire, pour l'y engager, lui offrit à l'avance le prix dont ils étaient convenus.

« Je n'ai garde de l'accepter, répliqua le jeune homme; il faut, lorsque l'on veut bien faire, attendre après le gain de son travail; qui sait, si je le recevais à cette heure, à quelle autre vous seriez satisfait. »

Cette franche réponse fit sourire Sonnebreuse; il se contenta de prier l'artiste de ne pas l'oublier; et il se retira très décidé à revenir souvent au Musée, afin de presser l'ouvrage qui devait être entrepris en son nom. Ce soin rempli, il fut continuer le cours de ses visites. Madame de Rosange, qu'il rencontra, lui dit en le voyant:

« Vous venez à propos, monsieur le vicomte; il faut que je sorte, et vous m'accompagnerez. J'ai à parcourir dix magasins de mode, et je veux connaître si votre goût s'étend jusqu'à juger comme il faut ces chiffons arrangés avec un art divin par nos plus célèbres coiffeuses. Vous voyez que je vous donne là une grande marque de confiance; mais mon père m'a dit hier tant de bien de vous, a tant loué vos connaissances diplomatiques, que je veux absolument faire de vous un homme universel, laissant toutefois à mademoiselle Elléna le soin de me faire savoir quel rang vous devez un jour occuper dans la littérature. »

Sonnebreuse, à ce trait de persiflage, s'inclina respectueusement; il avait cherché à deviner si c'était une simple malice que lançait la baronne, ou bien si la jalousie l'avait fait parler; mais la dame sut si bien déguiser sa pensée véritable, que monsieur l'observateur ne put rien reconnaître : il prit alors la parole et s'offrit à être le chevalier que l'on voulait ; et peu après ils partirent ensemble. Ce n'était pas une médiocre affaire que celle de choisir un chapeau tel que le souhaitait madame de Rosange ; il y avait en ce point tant de problèmes à résoudre, que ni madame Corot, ni mademoiselle Céliane, ni M. Herbault, ni madame Mure, et autres aussi célèbres dans Paris, ne purent parvenir à le résoudre ; toutes les formes élégantes ou bizarres qu'elle posait sur sa tête lui seyaient à ravir, et cependant aucun n'obtenait la palme. Elle commença d'abord sa tournée en riant ; bientôt elle parut moins gaie ; enfin, en sortant du magasin de mademoiselle Fannie, elle était de très mauvaise humeur, et elle chercha querelle à Sonnebreuse, qui voulait à toute force qu'elle se décidât pour une toque fort jolie qu'elle venait d'essayer en dernier lieu. L'aigreur de sa réponse contraria le vicomte, qui en même temps se rappela d'avoir accompagné deux fois Florestine chez une marchande de mode, et que le premier chapeau qu'on présenta à celle-ci fut celui qu'elle prit; et pourtant jamais elle n'avait été mieux coiffée.

Au moment de remonter dans la voiture, le domestique qui ouvrait la portière demanda à la baronne où il fallait aller; cette question déplut, et la belle veuve, toujours fort courroucée, donna l'ordre de s'arrêter au hasard, n'importe devant quel magasin. « J'irais, ajouta-t-elle, même dans la rue Vivienne. »

Sur ce, le cocher toucha ses chevaux, qui ne tardèrent pas à conduire la dame peu satisfaite au premier lieu venu où l'on aperçut des chapeaux et des bonnets exposés derrière un élégant vitrage. Sonnebreuse, qui donnait la main à la baronne, entra dans la salle, où de jeunes ouvrières s'occupaient au premier des arts; et, jetant autour de lui un coup d'œil d'amateur, il reconnut qu'il était en présence de son Ariane, de mademoiselle Victorine. Celle-ci déjà avait aperçu le vicomte, et sur-le-champ l'avait désigné et nommé à ses deux plus proches compagnes, qui prirent le même soin auprès de leurs voisines, et dans un instant tout le magasin porta ses regards sur le bel infidèle, la jeune ouvrière n'ayant eu garde de raconter avec sincérité l'histoire comme elle s'était passée : cette attention, dont il était l'objet, contraria avec raison Sonnebreuse;

plus encore il craignait que madame de Rosange ne se rappelât les traits de mademoiselle Victorine, et qu'une querelle plus sérieuse ne fût la suite de cette découverte; mais la fille du conseiller d'état était en ce moment bien plus occupée. Madame Duponceau disputait avec elle sur le mérite d'un turban que celle-ci avait vendu à la comtesse d'Eslainvil, amie de la baronne, et jamais plus grave sujet n'avait occupé l'attention de celle-ci.

Pendant cette discussion, excessivement animée, Victorine tout à la fois s'occupait de la besogne qu'elle tenait dans ses jolies mains, et donnait à ses grands yeux bleus l'expression la plus mélancolique; ses amies, groupées autour d'elle, avaient l'air de la plaindre, tandis que les ouvrières placées plus loin souriaient malignement à la vue du tableau pathétique que formaient leurs compagnes. Nectaire, qui voyait tout, sentait à chaque instant augmenter son embarras; car il devinait que sa position était ridicule; mais pouvait-il en sortir? madame de Rosange ne songeait plus qu'à ranger madame Duponceau à son opinion, et la discussion continuait encore. Sur ces entrefaites, la porte extérieure s'ouvrit, et le commandeur de Villevert entra: ceci devait achever le vicomte.

Une masse de cartons entassés cachait la jeune veuve aux regards de celui qui survenait : le Maltais ne vit donc que son compatriote; aussi vint-il à lui.

« Ah! je vous prends sur le fait, Sonnebreuse; venez-vous ici pour activer l'ouvrage que réclame la marquise votre tante, ou bien, attiré par un plus agréable motif...? »

— « Et vous, commandeur, se hâta de répondre Nectaire, qui craignait d'éveiller l'attention de madame de Rosange, êtes-vous pareillement en ce lieu l'émissaire de nos élégantes de T...? »

— « A mon âge, et avec mes principes, mon enfant, on ne peut être autre chose ; mais vous, pourquoi rôder autour de deux brillants flambeaux (riposta Villevert en montrant les yeux de Victorine qui ne perdaient pas Sonnebreuse de vue)? certainement ils finiront par brûler vos ailes. N'avez-vous pas de plus importants soins à remplir? et puisque mademoiselle de Saint-Aulin ne vous convient pas, que ne vous tournez-vous décidément vers madame de Rosange? Je sais que vous m'opposerez l'excessive coquetterie de cette dernière ; mais il ne faut pas toujours se fier aux apparences, et un pareil mariage serait pour vous encore préférable à la vie dissipée que vous menez depuis votre arrivée à Paris.»

Les premières paroles du commandeur avaient été entendues de la baronne ; et alors, tout en feignant de continuer sa conversation avec la modiste, elle prêta une oreille attentive au reste du discours de ce malencontreux chevalier de Malte. Bientôt son nom, accompagné d'une phrase désobligeante, vint la frapper; craignant que la causticité du personnage n'allât plus loin, elle prit son parti, et, venant à lui par-derrière le tas de cartons, elle lui dit à demi-voix :

« Monsieur le commandeur de Villevert me permettra-t-il de le remercier des choses aimables qu'il veut bien dire sur mon compte?»

Villevert, à ce propos, se sentit frappé d'un coup de foudre : autant il trouvait du plaisir à médire des gens, à les accabler sous le poids d'une masse de dénigrations souvent injustes, autant il redoutait de le faire en face; et, dans ce moment où il était pris en flagrant délit, sa consternation parut extrême; il ne sut que répondre, et balbutia quelques excuses à peine entendues de celle à qui il les adressa.

Pendant ce temps, Sonnebreuse était heureux de voir enfin le méchant vieillard pris dans le piége. Un sourire malin passa rapidement sur ses lèvres ; mais il se contint en reconnaissant le courroux qui éclatait dans toute la personne de madame de Rosange, déjà, comme nous l'avons dit, assez peu portée à la gaieté ce jour-là : il crut alors devoir lui dire un mot qui lui fût agréable. Mais le commandeur ne lui en laissa pas le loisir ; prenant son parti, il se décida enfin à se justifier à sa manière.

« Madame, riposta-t-il, je sens combien je suis coupable; mais, étranger à Paris, la société de cette ville ne m'est connue que par les rapports de mes amis ; et, bien que madame de Gennervilliers soit une femme de haute piété, il y a tout lieu de croire qu'elle m'a trompé elle-même dans les renseignements qu'elle m'a donnés. Je ne doute pas.... »

— « Monsieur, dit la baronne en l'interrompant, votre titre d'étranger peut seul vous excuser de ne pas connaître une telle femme; elle est du nombre de celles qui, sous le masque affecté d'une religion qu'elles ne pratiquent qu'à l'extérieur, répandent sur les réputations des autres le venin qui gonfle leur cœur ; un peu plus d'habitude de la société de Paris vous aurait encore appris qu'elle est comme Basile, elle calomnie sans pouvoir faire croire à ce qu'elle dit. »

Le commandeur s'inclina en gardant le silence. Madame de Rosange, pour terminer une conversation qui avait eu lieu à demi-voix, s'approcha de Victorine, qui travaillait inclinée sur son ouvrage, et lui demanda à voir ce qu'elle tenait dans ses mains. La jeune fille releva alors sa tête ; ses yeux rencontrèrent ceux de la veuve, et toutes les deux se reconnurent. Aussitôt la modiste rougit, les joues de la baronne, par un effet contraire, pâlirent ; elle recula d'un pas, et, s'adressant à Sonnebreuse :

« Où donc m'avez-vous conduite ?

lui dit-elle ; devais-je ici vous servir de trophée ?»

— « M'accuserez-vous, madame, répliqua Nectaire, de la faute du hasard ? N'avez-vous pas dit à vos gens d'arrêter votre voiture devant le premier magasin qu'ils rencontreraient ?»

— « Mais celui-ci vous était connu ?»

— « Je n'y suis jamais venu, je vous en donne ma parole ; et je n'ai su où nous étions que depuis que nous sommes entrés. »

— « Ah ! vicomte, dois-je vous croire ? Je suis bien malheureuse aujourd'hui ! »

— « Plus que vous je souffre. Mais partons ; il faut se hâter de fuir des lieux qui vous sont désagréables.»

Ce colloque, rapidement prononcé, n'avait été entendu que des seuls interlocuteurs. En vain le commandeur, chez qui la curiosité l'emportait déjà sur la confusion, prêtait une oreille attentive; en vain, pour mieux entendre, il soulevait un peu sa perruque massive, aucune parole ne vint frapper son tympan, et sa légère surdité lui arracha un profond soupir. Victorine, non plus que lui, n'avait pu rien entendre; mais, par un regard furtif, elle interrogea les physionomies, et elle éprouva quelque joie en croyant deviner que le volage qui l'avait abandonnée était querellé par la dame: inspirer de la jalousie à celle-ci était un triomphe glorieux; elle se promit bien de le faire valoir auprès de ses compagnes. Cependant la baronne, se rapprochant de madame Duponceau, termina l'achat d'un bolivar de forme nouvelle, et puis, saluant à peine le commandeur, qui lui faisait une triple inclination, elle partit avec Sonnebreuse.

CHAPITRE XLV.

UN AUTEUR EN PRÉSENCE DE SES JUGES.

> Les auteurs sont-ils dignes de notre attention : si nous allions de pair avec eux, ce seroit le moyen de les gâter.
> *Gil Blas.*

C'était dans un salon mesquinement meublé, qui n'avait pour tout ornement que quelques portraits enfumés retraçant les physionomies de certains acteurs du temps passé; c'était autour d'une table couverte d'un tapis vert, que se trouvait en ce moment réuni un sage comité, non occupé à traiter des grandes affaires de la nation, mais de celles des auteurs, et surtout des intérêts de messieurs les artistes d'un certain théâtre : le nombre suffisant requis pour rendre valable une délibération n'était pas encore rempli, et le petit groupe d'amis déjà arrivés jasait aux dépens de ceux qui étaient en retard.

« Je vous assure, disait Dubreuil, que le parterre commence furieusement à se lasser de mademoiselle Cloris; elle ne peut plus aider à la *chambrée*; et la première fois qu'il lui arrivera de donner sa démission, je suis d'avis qu'elle soit acceptée. »

— « Tu sais bien, riposta Valmont, que tu proposes là une chose infaisable : où en serions-nous si chacun ici était pris au mot lorsque, dans un mouvement de sensibilité, il dépose par écrit ses adieux sur notre bureau? Une telle mesure aurait son danger; car enfin, il est tels des nôtres qui, s'ils partaient, pourraient bien ne pas être réclamés du public. »

Ce propos fit sourire malignement mademoiselle Séraphine, qui regarda en arrière son plus proche voisin, comme pour lui faire l'application des paroles qu'il venait de prononcer; elle ouvrit ensuite sa jolie bouche, et se plaignit du retard que madame Aurélie mettait à arriver.

« Cela ne doit pas t'étonner, ma bonne, dit Dubreuil; elle vient en voiture, tu vas encore à pied: c'est à toi à être ponctuelle à l'heure; dès que tu auras des chevaux à ton service, tu feras comme elle, je t'en réponds. »

—« Hélas! ce n'est pas ma faute si je n'ai que la ressource de l'humble sapin. »

4.

—« Vous êtes pourtant assez jolie pour prétendre au char d'Apollon, » ajouta un jeune acteur qui, n'ayant qu'une pension assez mince, désirait vivement obtenir la part entière, ou tout au moins la demi-part. En ce moment deux dames attendues, deux acteurs qui étaient en retard, parurent enfin; et le doyen de la compagnie annonça avec emphase que le comité était ouvert. Un secrétaire s'avança modestement, il posa sur la table plusieurs lettres et l'ordre du travail. Il fallait prononcer d'abord sur le sort d'une débutante qui remplissait la salle d'une foule immense chaque fois qu'elle jouait; son talent était incontestable; le public, les journaux, étaient d'accord sur ce point; et ceci, comme on doit le croire, rendait son admission très difficile. On discuta long-temps, et avec véhémence, ce qu'on avait à faire. Les dames présentes au comité convenaient presque unanimement qu'attendu le jeu forcé, la tournure commune, la mesquinerie des habillements, il fallait éloigner de la scène une jeune personne très impertinente, car on l'applaudissait toujours.

Valmont, au contraire, parlait pour elle; il convenait que le troupeau parisien pouvait avoir tort, mais qu'en résultat il se prononçait pour la jeune actrice; que celle-ci remplissait chaque soir le trésor du caissier, et que cette considération n'était pas sans quelque poids.

« Eh! monsieur, répliqua dignement la fière Séraphine, l'argent est-il à mettre en balance avec l'honneur?»

—« Non, sans doute, répondit

Valmont avec une noble sévérité ; mais est-ce bien ici le cas de croire notre honneur compromis ? »

— « Certainement il le serait beaucoup, dit madame Aurélie. Cette jeune fille que vous voulez nous adjoindre qui est-elle ? d'où vient-elle ? Nul ne le sait : a-t-elle un nom ? un rang dans le monde ? et ses mœurs enfin les connaissons-nous ? Tenez, mon cher Valmont, je vous estime, vous êtes admirable dans les rôles que vous jouez, mais parfois vous êtes trop facile à vous enthousiasmer. »

— « Grand merci, ma belle amie, de votre obligeance à mon égard; cependant pourquoi ne seriez-vous pas également favorable à cette débutante ? Voyez quel plaisir elle fait au public. »

— « Le public ! ah ! le bon sot que c'est là ! vous a-t-il applaudi hier dans votre grande scène? a-t-il jamais saisi l'agrément du jeu de mademoiselle Séraphine? ne maltraite-t-il pas Dubreuil presque chaque jour? et moi-même, avec quelle absurde injustice ne m'insulta-t-il pas mardi dernier! Parlez en effet du public pour donner du poids à votre opinion. »

— « Il est vrai, poursuivit une troisième actrice qui continua de traiter le même sujet, que nous serions très à plaindre s'il fallait nous régler sur les fantaisies du parterre : ce serait un cruel tyran qui nous casserait à son gré, qui nous forcerait à recevoir ceux ou celles dont les talents éphémères l'égareraient aussi ; vous le verriez nous contraindre à demander notre retraite lorsqu'il le jugerait à propos ; et vous savez tous si, sur ce point, notre opinion diffère de la sienne. Enfin, rappelez-vous qu'après les auteurs le public, sans doute, est notre plus grand ennemi : je vote donc au rejet de la débutante, ne serait-ce que pour constater notre indépendance par un acte d'éclat. »

Ce discours adroit entraîna la masse des suffrages, et l'on renvoya en province un beau talent auquel il fut interdit de briller à Paris. Un second point de discussion fut soumis ensuite à l'aréopage : il s'agissait de décider si on admettrait au début un élève du conservatoire, M. Cleveland, jeune homme âgé de vingt-quatre ans, haut de cinq pieds six pouces, taillé sur le patron de l'Hercule Farnèse, et dont la forte voix rappelait celle de Dérivis. Cet aspirant, en personnage qui sait son monde, avait déjà à l'avance fait de nombreuses visites à *ces dames;* il leur avait parlé de ses malheurs et de son admirable santé; il était bien né, se présentait avec grâce; il eût pu lutter avec les Alcides français : sa figure était charmante ; et sous de si beaux dehors il cachait une âme douce, tendre, et d'une exquise sensibilité. Aussi, forte en sa faveur était la cabale; et si les hommes, en général, se prononcèrent contre lui, les femmes le défendirent avec une rare énergie; toutes vantèrent sa docilité et la supériorité de ses moyens: il serait très utile au théâtre; il n'était pas de rôle qu'il ne dût jouer. On voulut en vain le repousser: des clameurs s'élevèrent contre un pareil despotisme, et force fut à l'assemblée de lui accorder, par entraînement, son ordre de début. Ceci ne se fit pas sans donner quelque peu de mauvaise humeur à certains habiles comédiens ; plus d'un motif les animait déjà contre le sieur Clèveland : mais on dissimula ; car tout bas on se fit la promesse d'ameuter contre lui une portion de messieurs du lustre, qui ne manqueraient pas de s'opposer à ses succès.

Nous passerons sur divers autres points que décida l'assemblée; il y en eut de très curieux, nous n'en dirons rien, et pour cause. Enfin le président posant la main sur une lettre, la décacheta ; il la lut d'abord tout bas en levant parfois les épaules, puis s'adressant à la compagnie :

« Voilà, certes, dit-il, un fâcheux importun, qui n'a pas de honte de vouloir nous dépouiller des biens qui nous sont si légitimement acquis. »

Chacun lui demanda l'explication de ces paroles.

« C'est, poursuivit-il, un monsieur.... qui s'adresse à nous afin d'obtenir des secours qui puissent l'arracher à sa profonde misère. »

— « Serait-ce, dit Valmont, un descendant du célèbre auteur de ce nom. »

— « C'est son arrière-petit-fils; il en donne la preuve. »

— « Eh bien! que prétend-il, riposta Dubreuil, ne jouons-nous pas tous les jours les ouvrages de son aïeul? que nous veut-il davantage? Faudra-t-il nous ôter le pain de la bouche pour le lui donner? En vérité les auteurs et leurs races, qui ne s'éteignent jamais, sont des gens bien insupportables; nous n'en finirons pas avec eux. »

— « Quant à moi, messieurs, dit madame Aurélie, je suis d'avis qu'on ne peut trop témoigner sa reconnaissance envers les grands maîtres de la scène : nous leur devons beaucoup ; et, dans ces occasions, il convient de se montrer. D'après ce principe, qui doit être celui de tous les cœurs sensibles, j'ouvre l'avis qu'une somme de cent francs soit prélevée sur la recette de la semaine, et qu'envoyée au malheureux qui implore notre pitié, elle lui prouve nos généreuses intentions.»

On ne poussa pas plus loin cette discussion. La proposition de madame Aurélie fut mise aux voix, et le secrétaire chargé de faire une réponse pathétique reçut l'injonction d'insinuer en même temps que les charges du théâtre ne permettraient pas de renouveler un tel acte de munificence. Ce fut alors le tour de la lettre de Sonnebreuse ; elle était conçue en termes polis, mais pressants ; elle se plaignait de plusieurs retards qui ne paraissaient pas bien motivés : aussi choqua-t-elle la superbe de monsieur le doyen.

« Oh! oh! dit celui-ci, que pensez-vous d'une pareille épître? Je gagerais mon âme que l'auteur plaignant est un provincial de la première force ; ceux qui nous connaissent ne nous écriraient pas aussi rondement. »

— « Il est vrai, dit mademoiselle Séraphine, que cette lettre est passablement impertinente ; c'est là un singulier monsieur : quoi! il n'attend que depuis trois semaines, et il se fâche? J'ai trois auteurs que je protège, et depuis six mois ai-je songé encore à vous parler pour eux. »

Deux autres acteurs s'élevèrent aussi contre un pareil oubli des convenances : ils votaient déjà pour qu'une solennelle exclusion fût donnée à Sonnebreuse. Mais Dubreuil prit la parole : il fit connaître le personnage, sa fortune, son rang dans le monde, ses alliances, et surtout l'amitié que lui portait le journaliste Mellevant, dont il était si important de se conserver la bienveillance. Ces motifs détruisirent en partie le mauvais effet produit par la lettre du vicomte. On décida que la lecture lui serait accordée pour un jour très prochain; et, en même temps, les acteurs auxquels il ne devait pas échoir de rôle dans la pièce de Nectaire se promirent par un vote négatif de venger l'injure que son audace avait faite à la dignité de la comédie. Il devait venir lui-même solliciter du comité la réponse qu'il avait demandée; mais il ne put le faire, le conseiller d'état Norval ayant choisi précisément cette même heure pour mener Nectaire chez le ministre, dont la protection venait de lui obtenir la place de maître des requêtes.

CHAPITRE XLVI.

L'AUDIENCE D'UN MINISTRE.

> Mitte superba pali fastidia,
> Spemque caducum despice.
> SÉNÈQUE.
>
> Renoncez à de fragiles espérances plutôt que de vous exposer aux orgueilleux dédains de la grandeur.

« Je n'ai pas besoin, monsieur de Sonnebreuse, lui disait le diplomate, de vous faire observer que nous allons paraître devant une de nos puissantes Excellences; ce n'est pas celle des affaires étrangères. Mais comme ce ministre m'a facilité les moyens de vous obliger, nous lui devons une visite; c'est lui qui a parlé pour vous sur ma recommandation ; je tiens à ce qu'il vous voie, afin que, s'intéressant davantage à vous, il presse l'envoi de l'ordonnance royale qui vous nomme. Il me tarde que vous soyez en position de prouver par vos talents la capacité de l'ami qui vous a servi, j'ose dire, avec zèle.»

Nectaire, à son tour, s'épuisa en compliments sincères; il remercia M. de Norval de ses bontés, et lui promit de s'en montrer digne. Celui-ci ajouta à son discours précédent:

« Nous avons une audience toute secrète, et par conséquent plus flatteuse. Le ministre vous tâtera; répondez avec assurance et brièveté: tâchez de deviner dans ses questions quel sens vous devez donner à vos réponses : non que je vous engage à dissimuler vos sentiments véritables ; mais en général si vous voulez réussir, il faut les modeler sur ceux de l'excellence : ce n'est pas difficile lorsqu'on a beaucoup d'esprit et peu de raideur dans le caractère. »

Sonnebreuse, au fond très indifférent aux diverses manières d'envisager les objets politiques, ne voyait nulle difficulté à suivre les avis du diplomate, étant bien certain, dans la candeur de son âme, que jamais on n'exigerait de lui des choses contraires à sa loyauté et à son honneur. A leur arrivée dans la cour du ministère, ils furent arrêtés par un cerbère armé d'une hallebarde, qui leur cria, *On n'entre point.* M. de Norval, qui agissait d'après de grands principes, s'arrêta aussitôt ; il salua d'une main le suisse de mauvaise humeur, et de l'autre lui présenta un *laissez passer* bien en règle, qui leur mérita une profonde inclination, car il portait le seing du maître; et qu'un maître est puissant en ce lieu!

Ce premier poste franchi, le conseiller d'état, en homme qui, *nourri dans le sérail, en connaît les détours,* tourna vers une petite cour dans laquelle s'ouvrait un escalier qu'il monta, suivi de Sonnebreuse; ils parcoururent ensuite plusieurs passages, et parvinrent enfin, à travers un dédale de chambres, de corridors, de degrés dérobés, à une pièce dans laquelle dormait un domestique; celui-ci se réveilla au bruit que firent ceux qui entraient; il avait bonne envie de les quereller à cause de son sommeil interrompu, mais ayant reconnu M. de Norval, il prit une attitude respectueuse et ouvrit la porte d'un cabinet voisin, dans lequel il introduisit les survenants : peu après un personnage leur apparut sortant de derrière un paravent de velours vert; c'était l'Excellence.

Norval ayant fait une triple inclination, ainsi que Sonnebreuse, présenta ce dernier à Monseigneur en le désignant par ses noms, prénoms et titres. Le ministre leur rendit un léger salut; il chercha même à sourire; mais la gravité habituelle empreinte sur sa face fit dégénérer en vraie grimace ce qu'il voulait faire passer pour une marque de bienveillance.

«Monsieur, dit-il au vicomte, est donc dans l'intention de servir activement sa majesté?»

— «Je souhaite, répondit Sonnebreuse, consacrer mes faibles talents à l'utilité du monarque, et à ceux qui, sous son nom, assurent le bonheur de la chose publique. »

Ce dernier membre de la phrase plut : un coup d'œil l'annonça à M. de Norval.

— « Vous êtes sur la bonne voie, monsieur, poursuivit l'Excellence : on ne peut agir dignement dans l'intérêt commun, si on n'a pas un dévouement sans bornes. Les fonctionnaires ne sont que les agents de l'autorité première ; ils ne doivent avoir que les yeux de leurs chefs, et ne se conduire que d'après les ordres qu'ils reçoivent. »

— « On évite un bon nombre de fautes, dit Nectaire, en se renfermant dans la stricte observation des mesures qui sont transmises. »

— « Dussent-elles même au premier abord, ajouta le ministre, présenter une apparence contraire aux lois du royaume. »

— « Ne serait-ce pas ici, monseigneur, le cas unique où il conviendrait de les interpréter? »

Ici la figure bienveillante de l'Excellence se rembrunit; le ministre se tourna brusquement vers Norval, qui avait, lui, aussi éprouvé un serrement de cœur inexprimable aux imprudentes paroles que Sonnebreuse venait de prononcer, et lui dit d'un ton à moitié fâché :

« L'éducation politique de M. le vicomte n'est pas toute complète; vous avez encore beaucoup à lui apprendre; il s'instruira sous vous, et veillez à ce qu'il ne se montre pas mauvais écolier. »

En achevant de prononcer les derniers mots de ce propos, qui n'avait pas été dit sans une teinte d'ironie, son Excellence fit un signe de tête, interprété par Norval comme signal du départ. Le conseiller d'état recommença la série des courbettes obligées, et il s'éloigna, suivi de son élève. D'abord il marcha auprès de ce dernier sans lui rien dire; mais lorsque sortis de l'hôtel ils furent rentrés dans leur voiture, le diplomate regardant Nectaire avec l'expression de la plus profonde douleur:

« A quoi songiez-vous donc, lui dit-il, lorsque vous avez répondu tout de travers au ministre? Vous aviez si bien commencé, fallait-il finir aussi mal! Prétendre interpréter des ordres qui doivent être sacrés, s'annoncer comme le régulateur de la volonté des Excellences! Hélas! mon cher monsieur, avec ces manières-là vous ne ferez pas votre chemin: et moi-même, ne suis-je pas compromis par l'effet de votre légèreté? Que pensera monseigneur de mon étourderie? Quoi! je lui aurai présenté un homme dont je n'étais pas sûr. Ceci ne tournera pas bien; je ne le vois que trop, et vous êtes impardonnable. »

Sonnebreuse ne répliqua point au diplomate; il se laissa quereller tant que celui-ci voulut, car il sentait également qu'il avait commis une espèce de faute : mais, avant que d'être politique, il prétendait se montrer homme d'honneur; et lorsqu'il avait vu que le ministre espérait faire de lui une machine non pensante mais obéissante, sa fierté naturelle s'était réveillée, et il avait été chercher dans son cœur la proposition qu'il avait énoncée. Cependant, lorsque M. de Norval eut fini sa longue remontrance, Nectaire prit à son tour la parole, et tâcha de le consoler par des excuses et la promesse solennelle de se laisser entièrement guider par lui.

« Vous avez bon besoin de mes conseils pour vous conduire dans la route glissante où vous entrez; vous êtes parvenu, dès votre début, à vous faire un ennemi de votre principal protecteur, et il vous sera bien difficile de le ramener de cette première impression. »

—« J'aime à croire, monsieur, que vous outrez la chose quelque peu afin de m'effrayer; aurais-je pu par une seule expression déplaire à tel point au ministre que désormais je ne doive plus compter sur lui? »

—« Je ne doute pas de ce que je vous dis; depuis long-temps la cour m'est connue: jamais un supérieur n'a pardonné sincèrement à son subordonné une résistance en face, un simple désir d'indépendance. Nous devons, pour les contredire, user de ruse, parler en biaisant, mais jamais lutter d'une manière ouverte qui ne leur permette pas de sauver leur autorité. Non certes, monseigneur n'oubliera point que vous avez été d'un autre avis que le sien, et que même vous avez eu l'air de chercher à lui donner un leçon. J'ai lu son dépit sur sa figure ; il a éclaté en outre dans le ton avec lequel il vous a parlé; je ne serai pas tranquille, tant pour vous que pour moi, qu'après en avoir obtenu une nouvelle audience. »

Le vicomte, reconnaissant à quel point le conseiller d'état était frappé, essaya de le ramener à de plus saines idées : ne fut-il pas lui parler de raison, de philosophie, d'abnégation des grandeurs humaines, de bonheur dans la retraite ; toutes paroles vides de sens pour un ambitieux, et dont le son, sans descendre jusqu'à son cœur, ne faisait que frapper son oreille : pourtant les soumissions de notre héros, ses promesses solennelles d'un absolu dévouement et d'un renoncement total à tout ce qui se rapporterait à des idées libérales, consolèrent quelque peu M. de Norval; il se sépara de son élève un peu moins fâché contre lui, mais se jurant bien de ne pas tarder à s'expliquer avec le ministre.

Sonnebreuse, rendu à lui-même, passa chez sa tante, à laquelle il rendit compte de ce qu'il venait de faire, sans néanmoins lui raconter son imprudence ; la marquise, charmée des espérances de son neveu, ne put s'empêcher néanmoins de lui dire :

« Tout cela eût mieux été encore si vous fussiez devenu l'époux de mademoiselle de Saint-Aulin; mais votre faute a rompu sans retour cette belle alliance ; et chaque jour vous prenez plaisir à détruire un des anneaux de la chaîne qui eût servi à la renouer. Voilà d'abord que vous ne voyez plus que très mauvaise compagnie ; on vous rencontre sans cesse chez des gens de rien dont l'opinion est détestable ; une famille Dormainge, par exemple, est-ce là votre place ? le vicomte de Sonnebreuse devrait-il se trouver au milieu des ennemis du roi, et afficher aussi leurs coupables principes ? »

Il fallut un peu de peine à Nectaire pour prouver à sa tante que rien de ce qu'elle avançait n'était véritable ; que jamais il n'avait pris le moindre engagement avec les adversaires du système actuel, et que la politique chez les Dormainge, marchait à la suite de l'amour des beaux-arts. Madame de Gameville, quoique enfin persuadée des bonnes opinions de son neveu, n'en hocha pas moins la tête, tout en déclarant que, depuis la révolution, les lettres, les arts, les sciences, lui causaient un effroi mortel ; car elle ne pouvait croire à la bonté de ce qui contribuait à répandre les lumières dans la masse de la nation. De ce point elle passa à un autre.

« Je veux bien vous accorder que tout soit innocent dans les visites que vous faites à ce banquier ; mais en est-il de même de celles adressées par vous à je ne sais combien de *demoiselles* de théâtre ; on dit que vous êtes toujours avec elles. Ceci, Nectaire, est par trop scandaleux ; car, en suivant cette voie, vous courrez la triple chance de perdre votre âme, votre corps et votre bourse. Vous convient-il de vous rendre le soutien de ces personnes-là. »

— « Je reconnais, madame, répliqua Sonnebreuse impatienté, la malice des gens qui m'en veulent, je ne sais trop pourquoi, aux mensonges que l'on vous a débités, et à la perfidie avec laquelle on a dénaturé la chose. Je ne vous ai point avoué que, poussé par le démon de la métromanie, j'ai cherché à m'ouvrir la carrière théâtrale. Je veux faire recevoir à un théâtre de Paris une tragédie de ma composition, et voilà l'unique motif de ces visites auxquelles on a donné une si déplaisante interprétation : les actrices que je vois méritent mon admiration et mon estime ; croyez d'ailleurs que, malgré les apparences, je me dirigerai de manière à ne justifier aucun des reproches que l'injustice m'adresserait. »

—« Vraiment, mon ami, je suis charmée que vous parveniez à vous blanchir devant moi d'une foule d'accusations que journellement on lance contre vous; il ne m'en reste plus qu'une dernière à vous dire; j'avoue pourtant que celle-ci ne me semble pas facile à expliquer d'une façon satisfaisante. »

— « Rapportez-la moi, je ne crains rien; un souffle renversera peut-être ce noir nuage. »

— « Qu'est-ce donc, s'il vous plaît, qu'une scène publique arrivée, à votre sujet, entre une dame de qualité dont on n'a pas su me dire le nom, et une modiste, votre première maîtresse, lorsque vous êtes arrivé à Paris. On dit que la querelle a été poussée au dernier degré de scandale; que la grisette, furieuse de vous voir avec sa rivale, n'a pas craint de vous arracher du bras de celle-ci dans le magasin où vous étiez, en présence de plus de cinquante personnes. La dame s'est évanouie; la jeune fille a pleuré à chaudes larmes en vous accablant de reproches, en vous disant que vous l'aviez rendue mère; enfin on prétend que c'était un spectacle horrible, faisant tout à la fois fendre le cœur. »

Ce récit, loin d'allumer davantage la colère de Sonnebreuse, excita au contraire sa gaieté; il partit d'un bruyant éclat de rire en s'écriant :

« Ah, ma tante, ma chère tante ! voilà bien le chef-d'œuvre du commandeur de Villevert renforcé de toute la science de madame de Gennervilliers : vraiment ils ont fait merveille; et je puis m'écrier à leur sujet avec Mascarille:

Rare et sublime effet d'une imaginative
Qui ne le cède pas à nulle autre qui vive.

«Mais néanmoins, pour se flatter de faire croire à un conte pareil, il fallait que je fusse loin de Paris. Écoutez-moi un instant, et je vais vous montrer la vérité, dépouillée des riches ornements dont les deux personnes que je viens de vous signaler l'avaient embellie.»

Alors Sonnebreuse raconta dans le plus grand détail sa course avec la baronne de Rosange chez madame Duponceau, la sotte surprise de Villevert, les simples soupçons auxquels ce dernier avait pu se livrer, dont ensuite il avait, selon son constant usage, fait d'immenses réalités. A mesure que le vicomte parlait, madame de Gameville restait un peu confuse de la simplicité avec laquelle elle avait accueilli une pareille fable; elle avoua qu'elle en tenait la première version de la bouche de Madeleine, sa femme de chambre, corroborée ensuite par un récit circonstancié qu'avait fait madame d'Orfeuil, amie de madame de Gennervilliers, et son compère de fondation dans toutes les tracasseries de société que celle-ci entreprenait. La marquise déclara que désormais elle n'écouterait plus rien de ce qui serait défavorable à son neveu, et qu'elle tancerait gravement sa suivante, dont la langue était empoisonnée. A la suite de cet entretien, Sonnebreuse partit et rentra chez lui pour revoir sa tragédie; car le lendemain était le jour fatal de la lecture; et l'approche de ce moment redouté ne le rendait pas indulgent sur les défectuosités de son ouvrage.

CHAPITRE XLVII.

LA LECTURE DEVANT LES ACTEURS.

> On m'assura de toutes parts qu'on applaudissait les pièces nouvelles dont les comédiens n'avaient pas bonne opinion, et qu'au contraire celles qu'ils recevaient avec applaudissement étaient presque toujours sifflées.
>
> GIL BLAS.

« Venez-vous, Mellevant, me donner du courage, disait Sonnebreuse à cet ami qui entrait dans son appartement; ne seriez-vous pas homme à m'accompagner au lieu terrible; et par votre présence, ne me sauveriez-vous pas de quelque revers ? »

—« Vous allez me nommer cœur insensible, riposta le journaliste, car je ne veux point accéder à votre prière; si je vous escortais, les choses peut-être ne se passeraient pas convenablement; on vous en dissimulerait une bonne partie, et il est nécessaire que vous soyez instruit de tout. Dans quel but, me direz-vous, faut-il que je reçoive cette pénible éducation? Ceci, mon cher Nectaire, ne vous sera expliqué que dans quelque temps; vous avez besoin de beaucoup d'expérience, car vous devez prétendre à beaucoup de bonheur; votre position est en réalité trop belle, pour que long-temps vous en ignoriez le prix; et avant un mois j'espère que vous finirez par vous entendre parfaitement avec vous-même. »

—« Je ne saisis point tout le sens de votre discours; ce qui me frappe le plus en lui, est l'abandon dans lequel vous me laissez, la cruauté qui vous porte à repousser ma prière, à me laisser voguer sur une mer orageuse, sans boussole et sans gouvernail. »

— « Les écueils que vous allez heurter vous serviront à mieux connaître une autre fois la route. Savez-vous ce qui arriverait si je vous accompagnais au comité? Les suffrages en ma présence ne seraient plus libres: on recevrait par force votre pièce, et jamais on ne vous pardonnerait d'avoir employé le moyen de la terreur pour obtenir un pareil succès. Un journaliste en crédit auprès du public, et j'ai l'honneur de l'être, est un basilic pour les acteurs; sa présence les charme, ils n'ont plus de volonté devant lui, tant ils cherchent à se le rendre favorable; mais à peine a-t-il tourné le dos, que leur fierté, indignée de s'être humiliée par frayeur, se relève promptement; et malheur au poëte qui arrive lorsque je suis parti; on se venge sur lui du mal que l'autre a fait; et comme on ne le craint pas, Dieu seul sait de quelle manière on le traite : je vous nuirais donc plus que je ne vous servirais; ne m'employez pas tout d'abord, réservez-moi pour une occasion meilleure: lorsqu'il s'agira, par exemple, de vous faire jouer, lorsque vous aurez à lutter contre cent passe-droits et quatre tours de faveur, alors je deviendrai votre plus puissant auxiliaire. »

Malgré les bonnes raisons que Mellevant donnait pour excuser son refus, Sonnebreuse eût insisté davantage sans un léger mouvement d'orgueil qui lui conseilla de tenter seul l'aventure, et de s'en remettre, pour la réussite, à l'unique mérite de sa tragédie ; il se montra donc satisfait, se contentant de demander quelques conseils sur des mots qui lui paraissaient peu poétiques, et qu'il changea à la hâte, car le temps le pressait, et pour rien au monde il n'eût voulu être en retard d'une minute, après l'heure indiquée. Mellevant ne fit aucune objection contre cette louable exactitude ; il accompagna son ami jusques à la porte du théâtre, et là il le laissa en lui souhaitant toutes sortes de bonheur.

Sonnebreuse sentit son cœur défaillir lorsqu'il se vit abandonné à lui-même ; il hésita un instant avant de se déterminer à franchir la porte fatale : enfin, faisant un appel à sa fermeté, il se raidit contre des craintes qu'il qualifia de chimériques, et s'aventura sans plus tarder au milieu des ténèbres de plusieurs passages et de quelques escaliers mal éclairés : perdu ensuite dans le dédale du théâtre, il ne savait comment faire pour trouver son chemin ; chaque minute lui semblait un siècle : il était douloureusement frappé en songeant qu'il se faisait attendre, et que l'assemblée devait peut-être l'accuser de négligence et d'oubli ; mais, nouveau Robert, perdu comme lui en d'autres catacombes où les accidents sont plus communs que dans celles de Rome, il ne savait par où sortir de l'espèce de labyrinthe qu'il parcourait, lorsqu'enfin il rencontra un homme occupé à relever une décoration. Ce personnage lui parut le fanal sauveur qui le tirerait de peine ; il fut à lui et le pria de lui enseigner la route du foyer des acteurs. La de mande de Sonnebreuse étant appuyée du don d'une pièce blanche, fut accueillie favorablement. Notre héros suivit son guide et parvint dans la salle où il se croyait attendu.... La salle était vide, et nulle figure humaine n'en égayait la solitude. Ceci ne déplut pas à Sonnebreuse, il quitta son chapeau, essuya la sueur qui mouillait son front, et demeura quelque temps à attendre la présence de ses juges.

Enfin le secrétaire du comité se présenta. Nectaire le connaissait, il fut à lui, et le premier lui demanda pourquoi il se trouvait en ce lieu à cette heure.

« Mais n'est-ce pas, répondit le vicomte, celle qui a été fixée pour la lecture de ma tragédie? »

— « Ah oui, vous avez raison, monsieur; je ne sais cependant si vous pourrez lire : on va faire deux répétitions; plusieurs de nos dames sont malades, il y a beaucoup de tracasseries parmi les sociétaires, et je crains....»

Cette terreur n'était pas propre à rassurer celui auquel elle était manifestée; déjà il se voyait renvoyé à une autre semaine. Son courroux s'allumait, il trouvait étrange que lorsque dans l'administration publique, dans les affaires particulières, les audiences ont toujours lieu à l'instant annoncé, il ne puisse pas en être de même au théâtre, et que les rendez-vous donnés à des gens qu'on devrait respecter soient reculés indéfiniment selon le plus léger caprice *d'un de ces messieurs ou d'une de ces dames.*

Tandis que Sonnebreuse faisait cette juste réflexion, un des sociétaires entra dans la salle et la traversa rapidement. De graves pensées l'occupaient sans doute, car à peine s'il rendit le salut que l'auteur poli lui adressa. Deux autres acteurs vinrent bientôt après; l'un d'eux, M. Dubreuil, reconnaissant le viconite, lui cria de loin :

« Bonjour, mon cher ami; à tantôt. »

Et, à la suite de cette familière civilité, il se jeta sur un canapé avec son camarade, et tous deux continuèrent à voix basse une conversation véhémente, si on en jugeait par leurs gestes et le jeu de leur physionomie. Une jeune et belle actrice parut ensuite; elle s'approcha de la cheminée, se regarda avec soin dans la glace ; et, contente d'elle-même, elle examina alors Nectaire, qui lui parut un très beau garçon: sa tournure distinguée, sa modeste fierté engagèrent la jeune prêtresse de Thalie à causer avec lui. Sonnebreuse, alors plus à son aise, déploya son amabilité naturelle, si bien que la dame se tournant vers une de ses compagnes qui arrivait, lui dit à l'oreille:

« Je ne doute pas que la pièce de cet auteur ne renferme de réelles beautés. »

Cependant peu à peu les sociétaires se réunissaient, Valmont, dès qu'il vit Sonnebreuse, vint à l'avance le féliciter sur son prochain succès, lui promettant la réception la plus brillante, et le présentant à ceux qui ne le connaissaient pas encore. On agita si la lecture pourrait avoir lieu; chacun cherchait à ne pas faire partie de l'auditoire obligé; mais le semainier, avec un zèle extrême, qui le saisit tout-à-coup, désigna les victimes, comme un acteur appela ceux qui devaient entendre Nectaire, et toute la compagnie passa dans le salon où le sacrifice allait se consommer.

Les juges des deux séxes se placèrent çà et là; quelques uns prirent leur poste derrière le lecteur; les dames sortirent de leur aumônière des broderies ou des bourses qu'elles faisaient; un pupitre, posé sur une table, accompagné de l'éternel verre d'eau sucrée, désignait l'endroit où le lecteur devait s'asseoir, et la compagnie parut se préparer à écouter avec le calme de la réflexion; mais à l'instant où Nectaire allait commencer, madame Aurélie, s'adressant à tous les auditeurs:

« Avez-vous lu, leur dit-elle, les journaux qui, persistant dans leur injustice, trouvent mauvais que notre représentation au bénéfice de ce pauvre.... n'ait pas produit une somme plus forte; ne fallait-il pas nous ruiner pour enrichir cet homme-là ? »

— « Je crois, reprit Valmont, que si nous n'avons pas une gazette à nous jamais nous ne serons bien traités. »

— « Je suis du même avis, dit un valet très important : il conviendrait de nous défendre à armes égales contre ces vampires ennemis de notre repos: nous nous jugerions nous-mêmes avec beaucoup plus d'impartialité. »

— « Oui, dit mademoiselle Séraphine, en faisant nos articles, nous prouverions que nous savons dire la vérité. »

— « Ma toute belle, lui dit une de ces dames, que Sonnebreuse ne connaissait pas, où avez-vous pris ce chapeau ? il est divin. »

— « Ma foi, s'écria Dubreuil, que

me font les journaux; ils ne m'ôteront point la terre que je viens d'acheter. »

— « Chez mademoiselle Fanny, répliqua Séraphine; elle a un goût miraculeux. »

Alors chacun prenant la parole, s'engagea dans une conversation particulière, tandis que Sonnebreuse, fort embarrassé, ne savait de quelle manière il devait se comporter en cette circonstance. On avait presque perdu sa lecture de vue : par bonheur pour lui qu'un acteur qui devait, à la sortie de l'assemblée, aller jouer une partie de billard, ramena les idées au motif principal de la réunion, et le vicomte put enfin débuter. Après avoir lu les noms des personnages, il passait au reste de la pièce, lorsque Dubreuil prenant la parole de nouveau :

« Mon cher ami, dit-il, vous aurez la bonté de répéter les noms que vous venez de lire ; nous les avons certainement tous très bien entendus, mais n'importe, il ne faut pas que l'on se trompe ; et on peut, malgré toute l'attention possible, prendre un confident pour un héros. »

L'assemblée d'une voix unanime appuya la demande de Dubreuil, et Sonnebreuse obtempéra à cette invitation. Libre ensuite de poursuivre, il débita le premier acte tout d'une haleine sans avoir aperçu aucun signe d'approbation sur les visages des auditeurs, qu'il regardait de temps en temps : ceci commençait à lui donner des craintes, et il sentait déjà fléchir son courage et désespérait du succès ; le silence gardé durant ce temps se prolongeait pendant l'entr'acte. Mademoiselle Séraphine le rompit enfin.

«Monsieur, dit-elle, est du midi?»

—«Oui, répondit Sonnebreuse.»

—«Je m'en serais douté à votre accent.»

Et de nouveau le silence régna dans l'assemblée. Le vicomte, qui s'attendait à quelque réflexion sérieuse, ne pouvait revenir de l'impolitesse d'une question pareille. Son embarras augmenta en voyant l'hilarité qu'elle faisait naître parmi les auditeurs, qui ne prenaient presque pas la peine de cacher le rire qui les avait saisis, dirigé, il est vrai, non contre l'auteur, mais contre Séraphine dont, comme nous l'avons dit, l'esprit n'était pas des plus brillants; cependant il fallait poursuivre, et le vicomte s'y décida. Il essaya de déclamer avec feu le second acte, et ce moyen lui réussit. Quelques éloges, sobres toutefois, ranimèrent un peu son énergie; il but un grand verre d'eau et revint à son cahier. Il avait déjà dit douze vers du troisième acte lorsqu'une des belles dames qui l'écoutaient l'interrompit pour lui demander si Memphis était dans les îles de la Grèce. Il ramena avec douceur la personne qui lui parlait à de plus justes idées géographiques, malgré un petit homme fort empressé à soutenir que Memphis était une ville du Péloponèse, placée sur les bords de l'Éridan.

Ceci de nouveau égaya l'assemblée; la majorité des acteurs, instruits comme ils doivent l'être, commença une guerre de plaisanterie, tant dirigée contre le petit monsieur que contre la belle dame. La diplomatie de Nectaire lui enseigna qu'il devait, dans son intérêt, demeurer neutre au milieu de ce combat: il se tut donc et parut tout occupé à lire à voix basse son manuscrit ; mais cette prudente conduite ne lui servit nullement. Les deux individus, lorsqu'on les eut convaincus de complète ignorance, tournèrent leur courroux contre lui, et se promirent tout bas de donner un vote négatif, afin de venger l'affront que venaient de recevoir leurs connaissances.

Le troisième acte, par suite de cette contestation, fut assez mal entendu ; aussi ce fut celui auquel on prodigua le plus d'encens : plusieurs voix ne craignirent pas de dire qu'il renfermait de très belles choses, susceptibles de faire un prodigieux effet sur la scène. Charmé des compliments flatteurs qu'on lui adressait, Sonnebreuse, promptement, entama le quatrième acte : le mérite réel qui distinguait celui-ci frappa de même les acteurs ; ils songèrent tous qu'un homme dans la position brillante de Sonnebreuse, et qui composait un pareil ouvrage, ne pouvait être repoussé ; et l'impression produite fut à tel point universelle, que Dubreuil, par deux fois, nomma l'auteur *monsieur le vicomte,* renonçant, malgré lui, à la plus que familière expression dont il s'était servi.

On ne put passer de suite au dernier acte, parceque madame Aurélie s'aperçut que son chien favori, qui reposait sur ses genoux, tremblait de la fièvre ; elle se leva, et courut poser le gentil animal sur un coussin devant le feu. Ceci troubla un moment l'attention ; il fallut consoler la sensibilité de madame Aurélie, qui craignait beaucoup pour la santé de son bichon ; elle versait presque des larmes, à tel point son cœur était tendre; et alors se tournant vers Sonnebreuse :

« Monsieur, dit-elle, votre tragédie et ce pauvre animal me ferez passer une cruelle journée. »

Ce compliment, quoique assez singulier, dut être reçu avec reconnaissance : enfin le calme se rétablit et la lecture put s'achever. Dès qu'elle fut terminée, les visages de ceux qui l'avaient écoutée se rembrunirent de nouveau; ils prirent tous la majestueuse gravité de juges, appelés à décider des plus hautes destinées humaines : le secrétaire fut mandé; il apporta des plumes et des petits carrés de papier pour écrire le bulletin, et chacun des sociétaires se retira dans un coin de la salle, afin de motiver l'arrêt qu'il allait porter. Les divers écrits furent remis au secrétaire chargé de les lire à haute voix : on prétend que plus d'une fois il hésitait, à la vue de certains mots, et que ce n'était pas le griffonnage qui l'empêchait de les prononcer. Sonnebreuse, durant ce temps, était vivement agité; il comptait chaque opinion, passant tour à tour de la crainte à l'espérance : celle-ci ne fut pas déçue, hors deux bulletins défavorables lancés par les deux individus qui en géographie n'étaient pas de la première force, le reste de l'assemblée avait unanimement voté pour la réception de la tragédie, et monsieur l'auteur put tout à son aise savourer l'encensement que lui adressa son amour-propre.

« Je vous l'avais bien dit, s'écria Valmont, que vous seriez reçu. Ah ça, songez à la distribution des rôles, et ne vous écartez pas d'une ligne des instructions que je vous ai données sur ce point.»

« Mon cher vicomte, dit Dubreuil à son tour, voilà un beau succès; il faut le chauffer. Nous n'avons en ce moment aucun ouvrage tragique à mettre en scène, tant les auteurs nous négligent: voyez mes camarades, et tâchez de vous faire promptement jouer. »

Les dames, elles aussi, vinrent complimenter Sonnebreuse; et celle qui, par son bulletin, l'avait repoussé, ne fut pas la dernière à le féliciter; la seule Aurélie ne se joignit pas à ses compagnes, occupée qu'elle était à caresser son chien, dont la santé paraissait quelque peu dérangée. Le vicomte, impatient de faire part à son ami le journaliste de son heureuse réussite, s'évada enfin; et sortit de ce lieu prêt à se battre, s'il le fallait, pour soutenir l'excellence de l'esprit des acteurs qui s'étaient si bien conduits à son égard.

CHAPITRE XLVIII.

LES GÉNIES DU JOUR.

> Ils vivent aux dépens d'autrui, ils ne nous servent que ce qui ne leur appartient pas.
>
> Le Noble.

Deux jours après le glorieux triomphe, Sonnebreuse rencontra aux Tuileries M. Dorval. Celui-ci l'ayant aperçu, quitta le groupe nombreux qui l'entourait, et venant à lui :

« Monsieur le vicomte, dit-il, permettez-moi de vous féliciter sur le beau succès qu'a eu votre lecture ; comment, au premier coup on vous reçoit à correction ? mais c'est très bien ; et je ne doute pas que lorsque vous aurez passé un an à revoir avec soin votre ouvrage, il ne soit accepté définitivement. »

Nectaire, tout en remerciant Dorval de l'intérêt qu'il lui témoignait, lui apprit qu'on ne l'avait pas reçu à correction, et que c'était une entière admission.

« Tant mieux, répondit le personnage, si cela est vrai ; car entre nous je vous dirai qu'il est d'usage de recevoir ainsi la première pièce ; et que l'auteur, comme vous faites, ne manque jamais de certifier qu'on l'a reçu avec enthousiasme. »

Sonnebreuse, à demi-piqué, assura de nouveau qu'il avait dit vrai ; et Dorval alors lui répliqua

« Puisque l'on peut vous jouer sans avoir besoin d'une seconde lecture, faudra-t-il que j'ajoute foi à un bruit très inconvenant que la malignité fait courir sur votre compte. On assure que, peu satisfait d'avoir mis le pauvre Alphonse pour plusieurs mois sur un lit de douleur, vous sollicitez déjà la grâce de faire passer votre tragédie avant la sienne? Je dois, en ami, vous faire observer que ce procédé.... »

— « Il n'est pas nécessaire, monsieur, de me rien faire observer, reprit Nectaire presque de mauvaise humeur, puisque je n'ai pas songé à ce qu'on me prête. »

— « J'en suis enchanté. Avez-vous vu les journaux littéraires d'hier? ils parlent de vous, de votre réception ; et je ne sais quelle noire envie les inspire, mais ces méchants ne vous traitent pas bien. »

— « Quoi! déjà j'appartiendrais aux gazettes? »

— « Sans doute ; vous relevez d'elles aussitôt que vous avez fait un pas dans la carrière des lettres. Si vous voulez répondre à de tristes plaisanteries, je me charge de faire publier ce que vous écrirez dans les mêmes feuilles qui vous ont déchiré : ce sont de très *bons enfants* qui les écrivent; ils ne demandent que du scandale, pour rendre leurs journaux piquants, et des abonnés qui les soutiennent. Ce n'est pas pour vous nuire qu'ils vous ont attaqué, mais seulement pour leur plus grand avantage : ce motif est très respectable, et ici il excuse tout. »

Sonnebreuse, encore imbu des maximes de la province, ne partageait pas l'opinion de Dorval ; il souffrait en son âme des traits malins qu'on avait lancés contre lui, quoique encore il ne les connût pas, et se disait intérieurement : « Telle est donc la douce fraternité qui existe entre les gens de lettres? On me déchire, et on ne sait pourtant pas qui je suis, et ce que peut être mon ouvrage.» Il quitta Dorval, après lui avoir promis une très prochaine visite; et, pour se distraire de quelques mélancoliques idées, il courut au musée voir si son peintre songeait à fixer sur la toile les traits de la compagne de Rébecca, dont il voulait faire ceux de Florestine. Le jeune homme avait négligé le travail : Sonnebreuse le pria de le faire avec le plus de diligence possible, et l'artiste promit de le terminer promptement.

Ce soin rempli, Sonnebreuse, d'après le conseil de Mellevant, se décida à publier, quoique sous le voile de l'anonyme, un poëme qu'il avait composé sur la profanation des tombes royales de Saint-Denis.

« Cet ouvrage, disait le journaliste, ne peut que vous faire beaucoup d'honneur; il aidera à augmenter votre réputation littéraire, et donnera surtout une digne opinion de vos sentiments. »

Engager un auteur à produire au grand jour l'enfant chéri de sa muse, lui promettre des succès, est le sûr moyen de l'entraîner à ce qu'on veut. Nectaire ne fit aucune résistance, il accéda sur-le-champ au désir de Mellevant; les deux amis furent porter le manuscrit à Didot, qui devait le revêtir de tous les agréments du luxe typographique. En sortant de chez cet habile artiste, Sonnebreuse porta ses pas chez le banquier Dormainge; les dames de la maison étaient seules. Notre héros s'approchait pour baiser respectueusement la main de la mère, lorsque celle-ci le repoussa en lui disant :

« Vous avez bonne grâce, monsieur le vicomte, à nous prodiguer ces marques extérieures de vaine considération, lorsque vous manquez à vos amis d'une manière sans pareille. Quoi ! vous êtes auteur, vous faites des tragédies, et vous ne nous en parlez pas ? il faut que votre talent nous soit révélé par les journaux ; je vous en veux beaucoup, et ma fille est très en colère. »

— « Il est vrai, ajouta Elléna, que votre silence me prouve le peu d'opinion que vous avez de mes faibles connaissances ; vous auriez cru perdre votre temps que de l'employer à me lire votre ouvrage : ce n'est pas bien, et vous traitez mal vos amis. »

Sonnebreuse, touché de ces aimables reproches, que rendait si gracieux la douce expression des beaux yeux d'Elléna, se hâta de prendre la parole; et la crainte de ne présenter qu'une bien faible production fut le motif qu'il fit servir à sa défense.

« Oui, riposta madame Dormainge, la modestie d'un auteur qui l'empêche de nous confier ses œuvres, et qui néanmoins a assez de courage pour affronter les comédiens d'abord, et plus tard tout le public. Vous n'avez qu'un seul moyen de vous faire pardonner votre faute, c'est de nous lire votre tragédie un de ces jours. »

— « Pour nous seules, dit Elléna, en petit comité. »

— « Sans doute, dit madame Dormainge, moi, ma fille, mon mari, et les plus intimes de la maison; nous pourrons en famille à ma table de trente couverts ; j'inviterai ensuite pour une soirée égayée par un violon, et à minuit tous les amusements seront suspendus, et, entre la contredanse et la valse, vous paraîtrez, votre manuscrit à la main; ce sera charmant. Je vois d'ici madame D***, madame G***, furieuses, et nous aurons un monde fou.»

— « Si c'est là ce que vous appelez, madame, répondit le vicomte en riant, un petit comité, je crains bien de vous mécontenter encore; je ne pourrais jamais consentir, par une lecture de plus de deux heures, à interrompre le mouvement d'un bal. Je veux bien vous faire connaître mon ouvrage, mais plus en particulier, dans un cercle tout au plus de dix ou douze amateurs.»

— « Et alors, s'écria madame Dormainge avec un son de voix peiné, saura-t-on que j'ai eu chez moi une lecture ? personne n'en parlera, et les dames dont je viens de vous dire le nom continueront à m'accabler sous le poids de leur supériorité prétendue ; elles ont, ces heureuses femmes, des auteurs qui ne redoutent pas une nombreuse assemblée, qui liraient au milieu même d'un concert ; aussi la foule se presse dans leurs salons. Je n'avais qu'un poëte complaisant, M. Alphonse ; vous m'en privez pour plusieurs mois, et vous ne voulez pas consentir à prendre sa place.

Ce douloureux discours ne produisit pas sur Sonnebreuse l'effet qu'on en espérait ; il persista dans son refus de se produire en face d'une nombreuse assemblée.

« Ainsi donc, dit Elléna, vous reculez devant la renommée ; êtes-vous alors un enfant d'Apollon ? ne sont-ils pas, tous ceux qui reconnaissent ce dieu pour leur père, empressés à cueillir des palmes partout où ils les voient fleurir? suivez-les, vous les trouverez courant de maisons en maisons, afin de se montrer et de se faire connaître ; ils assiègent les journaux, ils s'emparent des libraires, ils lisent ici, là ils se font imprimer; ils refont les ouvrages des autres plutôt que de demeurer inactifs; tout est pour eux de bonne prise: vaudeville, comédies, tragédies, histoires, romans, pièces détachées; ils pillent, ils profitent de tout, satisfaits qu'ils sont de parvenir à la célébrité, soit en volant de leurs propres ailes, soit en se servant de celles des auteurs qui ne sont plus. Aussi leur sait-on gré de leurs efforts, aussi leur donne-t-on comme bien légitime ce qu'ils ont dérobé : on est toujours content pourvu qu'ils amusent, et eux ne sont satisfaits que lorsque leur nom est dans toutes les bouches, et leurs écrits sur toutes les cheminées. »

Cette définition de la gloire moderne, quoique vraie en général, amusa singulièrement Sonnebreuse : il n'avait lui, grâce au ciel, aucun préjugé parisien; il voyait les choses sous le point de vue véritable ; il appréciait le vrai mérite, et n'eût pas cherché la renommée par les voies ridicules qu'on lui disait de parcourir, il était par conséquent fort en arrière de son siècle, persistant toujours dans sa première opinion; il courrouça davantage madame Dormainge, qui renonça avec peine aux splendeurs d'une lecture solennelle; force fut à elle de consentir à ne rassembler chez elle, au jour qui plus tard serait

indiqué, que la poignée de ses très
intimes : ceci ne la contentait pas;
mais, afin de ne pas perdre tout l'é-
clat qu'elle s'était promis, elle décida
d'inviter les personnes dont les relations étaient les plus étendues, et qui
pouvaient porter le bruit de la lecture
faite chez elle, dans un grand nombre de cercles de toutes les classes et
de tous les rangs.

Elléna, sur ce point moins ambi-
tieuse que sa mère, voyait avec un
véritable intérêt Sonnebreuse depuis
qu'elle avait su qu'aux avantages dus
à son rang il joignait ceux d'un mérite littéraire. Elle connaissait plusieurs vicomtesses fières de la réputation de leurs époux : elle eût été
trop satisfaite d'augmenter le nombre de ces heureuses du jour; aussi,
dès ce moment mit-elle un affectueux
empressement à accueillir Sonne-

breuse, et de toutes les manières sans offenser sa retenue naturelle, elle laissa connaître le penchant qui la porterait vers lui. Elléna était charmante : Nectaire s'en apercevait depuis longtemps ; il se sentit encore plus porté vers elle lorsqu'il lui fut possible de juger qu'elle n'était pas indifférente à ses qualités.

« Sera-t-elle ma femme ? se disait-il ; elle est bien jolie, elle aime les arts, elle tirerait quelque vanité de mes succès ; mais la baronne de Rosange, mais Florestine ? quand pourrai-je enfin me décider ? quelle charitable lumière viendra m'éclairer ? où est le bonheur ? serait-il à Paris, à T..., dans la retraite, à la cour, au théâtre ? Ah ! que l'incertitude est affreuse ! oui vraiment il faut en finir. »

Il disait, et, sans se décider pourtant, il passait tour à tour du salon de la jeune veuve à celui de madame Dormainge; et le temps s'écoulait, et monsieur le vicomte ne voulait pas régler lui-même les affaires de son propre cœur : il fallut que des causes incidentes prissent ce soin, et que sa destinée appartînt non à sa volonté, mais au caprice des circonstances. Les hommes sont toujours portés à accuser la providence du bien qu'elle ne leur fait pas, tandis qu'eux-mêmes sont les seuls coupables; ils laissent sans cesse le torrent les emporter, sans songer qu'à l'aide de leurs propres efforts ils pourraient lui résister et gagner le rivage sur lequel ils trouveraient le repos.

CHAPITRE XLIX.

LA COQUETTE JOUÉE.

Qui cherche à plaire à tous ne doit plaire à personne.
J.-J. ROUSSEAU.

Célestin Servilli, entièrement guéri de ses blessures, recommençait à paraître dans le monde, et il venait assez souvent chez Sonnebreuse. Celui-ci, chaque fois qu'il le voyait, lui demandait des nouvelles de sa mère et de sa sœur; le chef de bataillon répondait que leur santé était parfaite; il ajouta la dernière fois, que ces dames ne tarderaient pas à quitter Paris. Cette annonce retentit douloureusement dans le cœur de Nectaire, qui se troubla à la pensée de se séparer pour toujours de Florestine sans l'avoir revue une fois, sans avoir pu lui parler, et peut-être s'expliquer avec elle. Un premier mouvement fut sur le point de le porter à confier avec franchise à Célestin les pensées de son âme : mais l'amour-propre se jetant à la traverse, arrêta une action si naturelle. Il y a en nous deux êtres qui se combattent sans cesse : l'un nous pousse à agir, l'autre nous retient ; tantôt les conseils du premier sont préférables, et plus souvent ils sont dangereux. L'esprit qui s'oppose à l'exécution de nos volontés est guidé tour à tour par l'orgueil ou par la raison : les avis de celle-ci nous sont constamment salutaires, les inspirations de l'autre aident presque toujours au malheur de notre vie: Nectaire ne l'éprouva que trop en cette occasion; il résista à son cœur, et en échange d'une légère vanité satisfaite, il n'emporta qu'un trait cruel qui le déchirait.

Voulant achever de bannir cette idée qui lui semblait importune, et conduit aussi par un désir de connaître les projets de Servilli, il lui demanda s'il avait présenté son hommage à madame de Rosange: à cette interrogation, celui auquel elle était adressée se montra d'abord embarrassé; il répondit qu'il s'était présenté à la porte de la veuve de son général, et que celle-ci étant sortie, il n'avait pu satisfaire le projet qui le portait à se rapprocher d'elle: Sonnebreuse ne trouva pas beaucoup de franchise dans cette réponse, et lui également se tenant en une prudente réserve, ne poussa pas plus loin ses questions; mais il se promit de s'assurer de la vérité, car madame de Rosange, si elle plaisait beaucoup à son esprit, ne parvenait pas à mériter sa confiance.

Le lendemain, il se rendit chez le conseiller d'état, qu'il trouva presque alarmé, car le ministre auquel il avait demandé le titre de nomination du vicomte avait remis à le donner à l'autre semaine; « et cela, ajouta M. de Norval, avec un ton froid qui m'a donné beaucoup à penser. Je crains que son excellence ne se souvienne en mal de la dernière partie de votre entrevue avec elle. Je vous engagerais à lui faire parler le plus tôt possible par l'abbé Nelsor, qui est, m'avez-vous dit, le directeur de la marquise de Gameville, votre tante:

ce saint et digne homme a un grand crédit parmi les pères de la foi, et par suite il est très bien dans tous les ministères; il peut vous appuyer très utilement.»

Sonnebreuse aurait dû répondre avec vivacité à ce que lui disait son protecteur; mais un soin plus pressant l'occupait à cette heure; il venait de voir, en jetant un coup d'œil au travers la croisée du cabinet dans lequel il était, la jeune veuve en costume du matin, très simple, et cachée sous la mante qu'elle portait chez la sorcière, paraître à la fenêtre de sa chambre à coucher, occupée à nouer les rubans de son chapeau, ce qui annonçait un projet de prompte sortie. Cet accoutrement mystérieux inspirait au vicomte le désir de savoir vers quels lieux la dame allait diriger sa course, et dans ce moment il ne songeait guère aux intérêts de son ambition ; aussi cherchait-il plus les moyens de rompre la conférence qu'il avait avec Norval, que ceux par lesquels il eût pu triompher de la prévention que le ministre paraissait avoir contre lui.

Le diplomate, voyant son air gêné, se trompa complètement sur la cause qui l'inspirait.

« Vous avez raison de vous montrer inquiet, on le serait à moins ; et j'aime en vous la chaleur qui éclate au sujet du revers dont nous sommes menacés. A votre place, je ne perdrais pas de temps à me mettre en campagne, afin de parvenir de vive force à occuper le poste qui vous a été assuré. »

— « Je suivrai sans retard vos conseils, s'écria Sonnebreuse, qui voyait madame de Rosange traverser la cour en cet instant ; et, si vous le trouvez bon, j'irai de suite où m'appelle mon intérêt et le besoin que j'ai d'éclaircir toutes mes incertitudes. »

— « Bien, bien ! monsieur de Sonnebreuse, à merveille ; agissez toujours ainsi, et très certainement vous réussirez. »

Charmé de recouvrer sa liberté, le vicomte abrégea les compliments, et, se précipitant hors de l'escalier et de la maison, il suivit la baronne d'assez loin pour que celle-ci ne pût s'en apercevoir.

La dame aimait sans doute les promenades solitaires, car, après être arrivée dans la rue Royale, elle traversa la place Louis xv, le pont Louis xvi, et, tournant à droite, elle fut gagner le boulevard des Invalides ; elle était déjà parvenue à la hauteur des jardins de l'hôtel de Biron, lorsqu'un individu, caché sous un ample manteau, venant à sa rencontre, la salua civilement, et, après quelques instants de conversation, lui offrit son bras, qu'elle accepta; tous les deux ensuite continuèrent de cheminer par les boulevards du Mont-Parnasse vers la barrière d'Enfer.

Sonnebreuse, en véritable amant espagnol, suivait ce couple à une assez grande distance, qui ne lui permettait pas de reconnaître positivement le chevalier de la baronne; ce ne pouvait être néanmoins, pensait-il, que le général de ... ou peut-être le chef de bataillon Servilli; car la belle veuve avait conservé, à ce qu'il paraissait, beaucoup de penchant pour tout ce qui lui rappelait son époux défunt. Quel que ce fût des deux, il paraissait assuré que madame de Rosange devait avoir de très grandes affaires à régler avec lui pour être venue causer ensemble dans un lieu presque suspect. Il importait à Sonnebreuse d'éclaircir son doute, et, ne prenant conseil que de son inquiète curiosité, il se jeta dans un chemin détourné, qui le ramena sur les allées de manière à revenir droit au couple promeneur; celui-ci causait avec tant de feu, qu'il n'aperçut pas de loin l'ennemi, et qu'il se trouva sous sa batterie avant d'avoir pu songer à effectuer une prudente retraite.

« Madame, dit le vicomte, me permettrez-vous de vous présenter mes hommages; et vous, Célestin, votre santé est-elle complètement rétablie ? »

Ce n'était pas sans quelque effort que ces paroles furent prononcées; Sonnebreuse cherchait à vaincre son émotion: il y parvint mieux que la baronne. Celle-ci, à l'aspect du survenant, demeura frappée comme l'est le petit oiseau en présence du boa; elle regardait le vicomte en pâlissant, elle n'osait lui répondre; et la subite faiblesse qui glaça ses sens la contraignit, malgré elle, à s'appuyer sur son chevalier.

Servilli, au contraire, loin de se montrer embarrassé, ne dissimula pas la joie maligne dont son cœur était rempli; un sourire sardonique parut sur ses lèvres, et ce fut lui qui le premier répliqua au compliment de Nectaire.

« Oh! mon cher ami, grâce aux soins de ma bonne mère et de mon excellente sœur, je suis échappé pour toujours, j'espère, au mal qui me dévorait, mes forces se sont ranimées, mon appétit est revenu; avec lui et avec elles j'ai retrouvé mon ancienne gaieté. On m'a recommandé de faire beaucoup d'exercice, et vous voyez que je mets à exécution les ordonnances du docteur Dupuytren. »

Pendant qu'il parlait, la baronne reprenait quelque assurance ; elle voyait pourtant le courroux éclater sur le front de Nectaire, et, dans son agitation, elle essaya de le calmer en lui faisant prendre le change.

« Qui de nous se serait attendu, dit-elle en affectant un rire qui grimaçait, à se rencontrer presque instantanément dans le lieu où nous sommes. Je suis sortie pour aller voir la duchesse de ..., et, séduite par la beauté du jour, j'ai voulu faire cette course en véritable Anglaise: voilà tout-à-coup M. Servilli qui, venant de la rue de Sèvres, se présente pour m'offrir son bras; et vous, monsieur de Sonnebreuse, nous apparaissez presque aussitôt. Je vous prends pour mon second chevalier, et j'espère que vous ne me refuserez pas de venir tous deux jusqu'à la demeure de mon amie.»

Sonnebreuse, sans lui répondre, se plaça à ses côtés en la regardant de manière à lui prouver qu'il n'était point dupe de la défaite dont elle se servait; d'une autre part, Servilli, la regardant aussi d'un air moqueur, sembla lui adresser un reproche sur sa duplicité; puis craignant sans doute de ne pas assez la compromettre :

« Bon, dit-il, quelle est cette envie qui vous prend tout-à-coup, madame? Quoi! vous voulez aller chez la duchesse de ...? Est-ce là ce que vous m'aviez promis, et n'achèverons-nous pas de prolonger notre route jusqu'au jardin des Plantes, lieu où j'ai eu le bonheur de vous revoir pour la première fois, » ajouta-t-il en poussant le plus impertinent soupir.

— « Oui, madame, répliqua Sonnebreuse ; devez-vous interrompre ainsi une promenade dont vous n'avez pas encore goûté toute la douceur. Je vais, par ma retraite, vous laisser la liberté dont vous avez besoin, et que certes je ne troublerai jamais. »

— « Ah ! pour cela, riposta Servilli, je ne le souffrirai point ; nous ne sommes pas trop de deux pour amuser madame, et je serais charmé que le même hasard qui nous a si bien servis conduisît ici à cette heure le général de.... : les dieux aiment les nombres impairs. »

Ce persiflage blessa la baronne jusques au fond du cœur ; elle connut alors pour la première fois peut-être l'énorme faute que commet une femme en s'abandonnant avec trop de légèreté à une dangereuse coquetterie. Elle vit que la conviction intérieure qu'on n'a rien d'essentiel à se reprocher ne suffit pas aux yeux du monde ; il ne juge que sur les apparences, et il le fait toujours sévèrement. Célestin avait peut-être obtenu depuis les années qu'il connaissait madame de Rosange des marques d'intérêt, une apparence d'attachement ; mais, dans le fond, il ne pouvait se vanter d'autre chose, et néanmoins il profitait de ces avantages pour se montrer injuste envers celle qui avait eu le tort de ne point assez conserver ces formes voulues par la raison, et sans lesquelles nulle considération ne peut être obtenue.

Sonnebreuse, à qui rien également n'apprenait la vérité, ne pouvait apprécier que ce qu'il voyait, et son opinion n'était pas favorable ; le charme que la baronne avait jeté sur lui disparaissait aux propos de Célestin et devant la manière peu respectueuse avec laquelle ce dernier la traitait. Il eût voulut Nectaire que sa femme fût au-dessus du soupçon, et certes celle à qui on venait d'adresser un propos aussi leste n'était pas placée convenablement dans le monde pour satisfaire ce légitime désir. Il en voulait tout à la fois à cette belle inconsidérée et à Célestin, qui le replongeait par sa légèreté dans un océan d'incertitudes. Il souffrait de la confusion de la baronne, et il eût souhaité ne pas avoir cédé à l'envie de la confondre positivement en s'approchant d'elle.

Madame de Rosange, comme nous l'avons dit, se mourait de confusion ; le dépit l'accablait aussi, et ce fut lui qui amena dans ses yeux les deux larmes qui mouillèrent ses paupières ; elle quitta précipitamment le bras de Servilli.

« C'en est assez, lui dit-elle : me voici à deux pas de l'hôtel où je veux entrer ; il est inutile de vous retenir plus long-temps. Croyez, monsieur Célestin, qu'en votre compagnie on peut en effet souhaiter que d'autres viennent l'égayer. C'est un vœu que je n'avais jamais formé, soit avec le général de..., soit avec le vicomte de Sonnebreuse. »

Une révérence pleine de dignité, un coup d'œil suppliant adressé à Nectaire, accompagnèrent cette phrase, et la jeune veuve s'éloigna sur-le-champ, sans que Servilli ou le vicomte essayassent de la suivre. Ils restèrent l'un et l'autre en présence, et pourtant ils ne disaient rien. Le militaire enfin, lorsque madame de Rosange fut hors de pouvoir l'entendre, partit d'un éclat de rire immodéré.

« Ah, Nectaire ! dit-il, la bonne figure que nous faisions tous trois, et la comique rencontre ; comment se terminera-t-elle ? je n'en sais rien ; je vous préviendrai seulement que si votre colère veut se tourner vers moi, il faudra que vous attendiez encore quelques semaines, car à l'heure présente je vous en donne ma parole d'honneur, il me serait impossible de me couper la gorge avec vous ; mon pauvre bras peut se soutenir à peine. »

Cette gaieté ne surprit pas le vicomte, Célestin lui était connu ; elle lui rendit néanmoins un vrai service, celui de l'obliger à revenir à de plus saines idées. Il prit alors la parole.

« Eh bien, Servilli, combien de mois vous faut-il ? »

— « Toute la vie, s'écria le militaire en le pressant dans ses bras ; je n'oublierai jamais que vous avez voulu être mon frère, et à ce titre vous m'êtes toujours bien cher. »

Cet élan de sensibilité ne dura pas long-temps.

« Je voudrais, reprit l'étourdi, que madame de Rosange pût nous voir ainsi : notre accord ne lui donnerait pas l'envie de répéter le vers du Joueur:

Qu'un amant mort pour nous nous mettrait en crédit.

Mais d'où sortiez-vous lorsque vous nous êtes apparu? Est-ce votre bonne fortune qui vous a conduit ici, ou bien votre très juste méfiance? car nous venons de jouer une scène de comédie, ou de fournir matière à une page de roman. »

Sonnebreuse ne balança pas à raconter la vérité, et à son tour il réclama la même franchise de la part de Célestin.

« C'est juste, répondit celui-ci. Vous saurez donc que madame de Rosange désirait rentrer en possession de certains petits billets, et que pour les obtenir elle a consenti à venir les chercher elle-même ; je ne vous trompe pas d'un mot, c'est là tout son tort ; c'est à vous de voir s'il vous paraît peu de chose. »

C'en était assez pour Nectaire ; il le témoigna, et lorsqu'il eut quitté Servilli :

« O ma sœur, dit celui-ci, aurais-je assuré ton bonheur »

CHAPITRE L.

L'EXAGÉRATION D'UN AUTRE PARTI.

> La parfaite raison fuit toute extrémité.
> Molière, *Misant.*, act. I, sc. 1.

Sonnebreuse n'était pas content ; madame de Rosange plus que toute autre avait parlé presque à son cœur ; il aimait sa vivacité, ses manières agréables ; il la voyait comme son bon génie, excitant en sa faveur le conseiller d'état ; et désormais il fallait renoncer à ces douces illusions, et ranger sur la même ligne l'Oromase et l'Arimane du bal de l'Odéon. Ces réflexions lui parurent pénibles ; il voulut les rejeter, et chercha dans le salon de madame Dormainge des distractions dont il avait besoin. Grande ce jour-là était la foule ; elle ne se composait que des notabilités de l'opposition, et des plus fermes colonnes du libéralisme. Parmi les vraiment purs, qui sont rares en ce parti comme dans l'autre, se glissait une armée d'exagérés, hommes et femmes, en général autant déraisonnables que ceux qu'on rencontrait chez le comte de Saint-Aulin, ou chez la marquise de Gameville.

Un des habitués du lieu crut devoir faire à Sonnebreuse les honneurs de l'assemblée. C'était monsieur Ermand, grand publiciste, à ce qu'il disait, rédacteur de nous ne savons quelle gazette, et très convaincu de son mérite, car il en avait fort peu. Le personnage, auquel Dorval avait peint Nectaire comme un adepte, *dignus est intrare in nostro corpore*, s'approcha de ce dernier et commença avec lui une conversation sur les objets dont alors s'occupaient les deux chambres des pairs et des députés; il tonna contre la loi du sacrilège; il accabla de son indignation celle sur l'indemnité, et, malgré lui sans doute, il fut tellement exagéré, que son interlocuteur ne put s'empêcher de lui dire que la confiscation lui paraissait en principe une chose fort odieuse, et que la religion de l'état pouvait exiger quelque protection spéciale de la loi. A peine eut-il lâché ces mots, que monsieur Ermand, ouvrant de grands yeux étonnés, le regarda comme avec effroi, et puis, le quittant avec une affectation marquée, courut parler à Dorval. Celui-ci en l'écoutant faisait de temps à autre quelques exclamations; puis, prenant son parti, il vint à Sonnebreuse.

« Est-il possible, monsieur le vicomte, lui dit-il, que vous adoptiez toutes les furibonderies des habitants de Montrouge! ainsi donc l'inquisition, les bûchers, les prohibitions trouvent en vous un défenseur! Votre esprit éclairé peut-il admettre le retour de la féodalité! devez-vous souhaiter de voir renaître les droits les plus absurdes, les corvées, les lettres de cachet, le règne du *bon plaisir*, et porter atteinte à l'irrévocabilité de la vente des biens nationaux! »

Tandis que Dorval parlait, Sonnebreuse l'examinait avec anxiété; il aimait ce littérateur vraiment aimable, et eût reçu avec peine la conviction que son beau talent fût soumis à de fâcheuses allucinations. Cette pensée arrêtait la réplique dans sa bouche; il se taisait, ne se rappelant pas de ce qui lui était arrivé chez les Saint-Aulin à sa première entrée dans le monde. Dorval, qui prit ce silence pour un aveu, s'écria tristement :

« Vous ne disconvenez donc pas de votre erreur ! vous l'avouez, car qui ne dit mot consent : *habemus confitentem reum*. Voilà en effet un beau rôle à jouer à Paris que de se traîner à la suite des éteignoires ! vous vous en repentirez, souvenez-vous-en. »

— « Monsieur, répliqua enfin Sonnebreuse, la surprise seule m'a retenu. J'ignore par quelle action j'ai pu vous faire croire que je me proclamais le champion de toutes les absurdités que vous venez de signaler; grâce à Dieu, à ma raison, et à mon amour pour la charte, je ne chercherai jamais à ramener ce que je ne puis souffrir moi-même ; mais je vous le demande de nouveau, qui a donné lieu à d'aussi étranges inculpations ? »

Dorval, un peu étonné de cette réponse, et ayant d'ailleurs le tact parfait des choses, jugea que peut-être il s'était trop avancé ; néanmoins, comme Sonnebreuse le pressait toujours de s'expliquer, il finit par lui avouer qu'il tenait tout ce qu'il venait de lui dire de la bouche de M. Ermand. Alors le vicomte riant aux éclats, rapporta à Dorval ce qu'il avait dit textuellement ; il n'avait parlé que de deux objets, la nécessité de punir les outrages faits à la nation dans les insignes de son culte, et combien il était convenable de détruire à jamais la confiscation.

Dorval, après cet éclaircissement, fut forcé de convenir que M. Ermand ne raisonnait pas toujours juste. Cependant, poussé lui aussi par ce malheureux esprit de parti qui égare les gens les plus raisonables, il ne put s'empêcher de dire au vicomte :

« Pourquoi soutenir de pareilles opinions ? elles peuvent être bonnes en elles-mêmes ; mais il est des cas où il convient de tout abandonner, afin de ne pas exposer les gens qui pensent bien, et qui entendent mal, à vous confondre avec leurs adversaires. »

Cette maxime n'était pas celle que Sonnebreuse eût suivie, aussi l'entendit-il sans la relever ; il vit que le moment n'était pas convenable pour établir une dispute sur un point que ne veut pas comprendre le faux enthousiasme qui entraîne les plus honnêtes gens. Dorval était de ce dernier nombre, et pourtant se faisait-il signaler dans les rangs de ceux qui veulent impérieusement tout ou rien, ne réfléchissant pas que presque toujours on

n'a rien pour avoir espéré trop obtenir.
Le vicomte après ce léger engagement,
qui devait être suivi d'une plus importante
discussion, vint se placer
auprès d'Elléna, qui parut charmée
de le revoir; il lui prodigua ses hommages
avec tant de véhémence, qu'on
eût dit qu'il avait le dessein de s'engager
de telle manière qu'il ne pût
plus reculer. Si ses assiduités plaisaient
à la jeune beauté, elles ne convenaient
pas autant à un certain peintre
qui avait été un des témoins du
poëte Alphonse, lors du duel de celui-
ci avec Sonnebreuse. Cet élève des
beaux-arts donnait des leçons de
peinture à Elléna, et en même temps
il cherchait à égarer son cœur: danger
qui est trop commun, depuis cette
manie de la société qui exige que les
filles de bonne maison fassent des
progrès à l'égal des artistes.

Elléna certainement ne songeait pas à épouser le peintre Eugène ; elle ne lui eût pas même permis une trop familière conversation ; et cependant elle souffrait qu'auprès d'elle il se montrât passionné, que ses regards, ses soupirs, ses mouvements, portassent l'empreinte du sentiment prétendu qu'il disait renfermer dans son âme. Elle ignorait que l'amour s'établit avec bien plus de force lorsque ses progrès sont insensibles, lorsqu'il n'effraie point par sa pétulance celle qu'il veut subjuguer. Eugène ne parlait pas ouvertement, mais de mille manières il se faisait entendre, et par degré se faisait goûter avec plaisir. Les choses étaient ainsi disposées, lorsque Sonnebreuse se présenta. La couronne de laurier offerte par les arts était peu brillante auprès du diadème féodal qui parait l'écusson du vicomte;

aussi mademoiselle Dormainge, en fille bien élevée, sentit dès ce moment s'éteindre la flamme légère qu'Eugène avait commencé à allumer.

Le peintre jugea pareillement que le nouveau rival se présentait sous un aspect redoutable. Pour s'en débarrasser, il avait excité la colère d'Alphonse, se flattant que les suites d'un combat singulier pouvaient, ou contraindre Sonnebreuse à la fuite, si le poëte eût succombé, ou, dans le cas contraire, le délivrer d'un concurrent si dangereux. Rien de ce qu'il avait espéré n'était arrivé, et plus que jamais le vicomte paraissait âpre à lui disputer les affections d'Elléna. On croira encore qu'une telle certitude n'inspirait pas au jeune homme une ardente amitié pour Nectaire. Il était très porté à lui en vouloir. Sonnebreuse ignorant ces dispositions, causait à chaque instant plus vivement avec mademoiselle Dormainge. L'affabilité de celle-ci, les doux regards qu'elle portait sur notre héros, mettaient aux champs le triste Eugène, qui déjà cherchait le moyen de rompre une conversation cruelle pour lui, lorsque le chevalier de Lersac entra tout effaré ; il paraissait en quête de quelque individu. Sonnebreuse ne put plus douter qu'il ne fût lui-même l'objet de la sollicitude de son parent ; car dès que ce dernier l'eut aperçu, il vint à lui, et s'adressant à Elléna :

« Pardonnez-moi, lui dit-il, mademoiselle, si, pour un instant, je vous enlève le vicomte mon cousin ; mais il est des cas où le moindre délai est dangereux, et nous sommes deux ici qui avons besoin de lui parler un instant tête à tête. »

Sonnebreuse n'attendait rien de bon de la conférence précipitée à laquelle on paraissait l'inviter; néanmoins afin de ne pas attirer sur lui les regards de la compagnie, il se leva, quoique à regret, et suivit Lersac, qui, comme en triomphe, l'amena dans un salon où peu de personnes venaient; et là Mellevant se trouva, qui, lui aussi, aborda son ami avec un air alarmé.

« Grâce à Dieu, s'écria Lersac, nous le tenons, et ce ne sera pas notre faute s'il nous échappe pour aller de nouveau faire le ferrailleur. Ah, mon Dieu! qu'une pareille tête est dangereuse! Nectaire, mon cousin Nectaire, ne mettrez-vous jamais de bon sens?... »

A ce propos hors de saison, le vicomte levant les épaules, allait, sans s'adresser au chevalier, prier Mellevant de lui expliquer ce qui l'amenait en ce moment chez le banquier, lorsque celui-ci prenant la parole :

« Est-il vrai Sonnebreuse, dit-il,

que, poussé par je ne sais quelle folie, vous ayez le dessein de vous battre demain avec notre compatriote Servilli? Oubliez-vous quels nœuds avaient dû vous rapprocher ; et faudra-il qu'une coquette vous arme contre le frère de Florestine ? »

—« Eh vous aussi Mellevant, répliqua Sonnebreuse en trépignant d'impatience, partagerez la crédulité de tous les badauds qui embarrassent mon chemin ? Croyez-vous que si j'avais eu une affaire pénible avec Célestin, vous l'eussiez appris par d'autres que moi ? Mon ami, ma confiance en vous est entière ; je ne vous l'ai pas ravie, mais je n'ai pu rien vous aller dire, parcequ'il ne s'est rien passé entre Servilli et moi. »

—« Allons, allons, beau duelliste, dit Lersac, presque fâché du terme de badaud, dont Nectaire s'était servi, et qu'avec quelque peine néanmoins il s'appliquait, vous avez grand tort d'user de dissimulation, puisque des témoins ont écouté votre querelle. »

— « Notre querelle?.. des témoins?.. Parlez plus clairement, chevalier, si vous voulez que je vous comprenne. »

— « Il n'y a jamais eu plus ignorant que celui qui ne veut pas être instruit. Me nierez-vous, par exemple (entre nous vous pouvez tout avouer), que vous n'ayez pas obtenu ce matin, derrière les Invalides, un tendre rendez-vous de la baronne de Rosange? »

— « Moi ? »

— « Vous. N'étiez-vous pas à vous promener depuis une heure avec elle, lorsque ce monsieur Servilli est accouru comme un furieux vers vous ? Ne s'en est-il pas suivi une explication si véhémente que la jeune veuve est tombée évanouie ? Alors vous et le chef de bataillon vous êtes précipités l'un sur l'autre comme pour vous dévorer ; et, sans deux honnêtes gendarmes qui vous ont séparés, n'alliez-vous pas vous égorger à l'heure même? Sommes-nous instruits? feindrez-vous maintenant que nous sommes trompés? Dès que j'ai connu cette affreuse affaire, j'ai couru chez le bon commandeur de Villevert : il m'a donné l'adresse de monsieur Mellevaut, tandis que lui-même s'en allait à toute hâte à la demeure de votre adversaire. Il faut absolument que nous vous empêchions de vous battre, et pour cela il n'est rien que nous ne fassions. Votre tante est prévenue. J'ai écrit au préfet de police ; je vous amène votre ami, et en vous quittant, je passe chez le conseiller d'état Norval le prévenir de ce qui se passe. »

— « Homme, ou diable enragé après

moi ! riposta Sonnebreuse dont l'exaspération augmentait à chaque parole prononcée par l'officieux personnage, de quoi vous mêlez-vous ? quel fatal besoin de commérage vous pousse à tout croire, afin de tout rapporter? Voyez le superbe travail que vous avez fait : ma tante alarmée, mon nom à la police, madame de Rosange peut-être deshonorée ; et pourquoi ? sur quel fondement avez-vous bâti cette fois? Le hasard me mène au boulevard du Mont-Parnasse ; je rencontre presque en même temps que Servilli, la baronne qui allait chez la duchesse de *** ; elle nous quitte à la porte de cette dame ; nous nous séparons avec mon ami, après un tendre embrassement ; et voilà la chose la plus simple dont on a fait une montagne. Ah ! l'infâme pays ! l'abominable ville, où tout est impuni, où tout peut être poussé à l'exagération la plus outrée, parce qu'il n'y existe aucun moyen de rétablir les faits ! »

A mesure que Sonnebreuse expliquait l'événement de la matinée, le chevalier de Lersac pâlissait, rougissait, se mordait les lèvres, et n'était pas à son aise : il sentait combien sa démarche était fausse, et convenait que, trop légèrement sans doute, il avait cru le conte que madame de Gennervilliers avait fait. Celle-ci passait dans la rue d'Anjou à l'instant où madame de Rosange sortait de chez son père. Sonnebreuse l'ayant suivie de près, madame de Gennervilliers soupçonnant quelque rendez-vous secret, avait marché après eux; elle était montée ensuite dans la première voiture de place qu'elle avait trouvée, et alors, du milieu de la route, elle avait vu ce qui s'était passé et ce qu'elle avait si étrangement défiguré.

CHAPITRE LI.

LES MÉCHANTS DÉMASQUÉS.

> Lorsqu'une vertu vigoureuse
> Arrache ce voile imposteur,
> Du méchant la figure affreuse
> Paraît dans toute sa laideur.
> GALLAUT.

Mellevant, quoiqu'il connût à merveille le commandeur de Villevert et le chevalier de Lersac, avait néanmoins cette fois été complètement leur dupe: l'histoire que tous les deux racontaient lui paraissait vraisemblable; il n'avait pas été à s'apercevoir du penchant qui entraînait Sonnebreuse vers madame de Rosange, et dès lors il lui paraissait naturel que son ami, voyant de ses propres yeux l'infidélité de cette dame, en eût vivement témoigné son déplaisir; aussi n'avait-il pas hésité à suivre M. de Lersac, dans l'espérance qu'il était d'adoucir peut-être la colère du vicomte. Ce fut donc avec une joie extrême qu'il fut dissuadé par ce dernier; il se félicita de l'heureux dénouement de cette aventure : et lui aussi, pour diminuer encore l'espèce d'importance que des caquets auraient pu lui donner, s'amusa aux dépens de son conducteur, qui, en ce moment et en ce lieu, faisait une assez triste figure.

« Je rends grâce au ciel, dit-il enfin, que mon intervention ne soit pas utile : voici un démêlé plus facile à terminer que celui de Sonnebreuse avec le jeune Alphonse, et certes celui-ci ne réclamera pas avec une égale urgence les talents pacificateurs de M. le chevalier et du digne commandeur. »

— « Je partage votre joie, dit Lersac, qui crut ne pouvoir plus long-temps garder le silence; plaise à Dieu toutefois que les apparences ne nous induisent point en erreur, et que les deux rivaux ne nous jouent point afin de rester les maîtres de leur secret et de leur colère ! »

— « Ah ! pour ce point, répliqua le vicomte, qu'il ne vous inquiète pas : ni Célestin, ni moi, n'avons d'arrière-pensée ; pourrais-je d'ailleurs lui en vouloir d'un vrai service qu'il m'a rendu ? »

Ces derniers mots donnèrent à penser à Mellevant, et lui apportèrent à peu près l'explication de l'affaire. Ceci le charma encore davantage : car il avait embrassé de tout son cœur le parti de Florestine, et la jeune veuve ne lui paraissait pas la femme qui précisément convenait à son ami.

Sur ces entrefaites, un domestique introduisit dans la salle où se trouvaient les trois personnages le commandeur de Villevert. Ce dernier entra, la figure renversée, telle qu'il aurait dû l'avoir s'il avait apporté une mauvaise nouvelle. Il ne dit rien à Nectaire, il ne parla point à Mellevant; mais, s'adressant au seul chevalier :

« Il n'a voulu rien avouer, dit-il ; il s'obstine à soutenir que jamais il n'a plus aimé le vicomte qu'en ce moment; et néanmoins nous tenons la vérité de bonne source. N'est-ce pas bien désagréable, lorsqu'on voudrait agir pour le mieux, de se trouver arrêté par la plus injuste défiance? »

— « Eh bien, répliqua Lersac, Sonnebreuse tient le même langage, il ne veut pas convenir du démêlé ; il ne sent pas combien va nuire à son honneur une conduite pareille ; car enfin s'il ne se bat pas avec Servilli, combien de méchants propos ne va-t-on pas tenir sur son compte ? »

— « Oh! pour le coup, messieurs, ceci est trop fort, s'écria Mellevant, et tout le respect que je dois à votre âge ne vous mettra pas à l'abri de mes reproches. Quel rôle jouez-vous ici? quel démon vous engage à pousser vers sa perte celui que vous nommez votre parent et votre ami? Avez-vous bien réfléchi à votre étrange conduite? Deviez-vous ne paraître jamais auprès de Sonnebreuse que pour le chagriner, ou le conduire à exposer sa vie? Non, sans doute, son honneur ne sera pas entaché, par cela seul que d'un abominable mensonge il ne voudra pas faire une réalité; parceque, sans cause, sans motif, il refusera de se battre contre un homme qui ne l'a pas offensé? Croyez que si d'infâmes langues travaillent à noircir sa réputation, des âmes courageuses seront en présence pour démasquer les traîtres, les personnes coupables, qui ne vivent que de discorde et de zizanie. »

Cette vigoureuse sortie confondit ceux auxquels elle était adressée. Le chevalier de Lersac eut un moment l'envie de s'en fâcher, mais ayant songé à l'énorme distance qui le séparait de Mellevant, il se contenta de sourire et de hausser les épaules. Le commandeur, également frappé, prit alors la parole:

« Venez, chevalier; abandonnons ces messieurs qui conçoivent de si injustes pensées sur ceux dont l'expérience devrait leur servir de leçon : nous sommes au-dessus de certaines attaques ; et puisque votre cousin semble les approuver par son silence, renonçons à jamais au vif intérêt que nous lui portions. Il paraît qu'on ne nous est pas ici plus favorable que chez les Servilli, où l'on s'est conduit à mon égard avec une étrange légèreté. Ne m'a-t-on pas reproché l'évanouissement de la jeune personne, parceque devant elle j'ai cru pouvoir parler librement ; car je croyais son frère ennemi de Sonnebreuse : opinion que je conserve encore, et dont je ne me départs pas. Ainsi, de toutes parts je ne trouve qu'ingratitude. Quant à vous, Nectaire, je ne vous dirai plus rien ; sous quatre jours je pars pour T..., et là je ferai *toute la ville* juge de vos procédés envers moi. »

Sonnebreuse ne voulut pas répondre à cette philippique; et les deux méchants vieillards, voyant leur rôle fini, se retirèrent le désespoir dans l'âme, et furent ailleurs dégorger le venin dont leur cœur était rempli. Leur retraite charma tout à la fois Mellevant et le vicomte; tous les deux s'écrièrent que jamais plus heureux événement ne pouvait arriver; et Nectaire, en particulier, rendit de spéciales actions de grâces à la providence, qui le débarrassait de ces démons acharnés après lui. Il rentra alors dans le salon de Dormainge, et, sans plus s'occuper de cet incident, il revint auprès d'Elléna. Une pensée néanmoins le troublait. Villevert lui avait fait connaître combien Florestine s'intéressait encore à lui, puisque la nouvelle de son duel avec Célestin avait jeté dans un prompt évanouissement cette jeune personne. Cette révélation flattait tout à la fois son amour-propre et un plus doux sentiment ; il fut même une minute à se demander s'il ne devait pas faire une nouvelle démarche auprès d'elle ; mais le dépit l'en détourna, et il se dit que tout ayant été rompu, son honneur ne lui permettait pas de faire d'infructueuses tentatives.

Elléna triomphait des assiduités du vicomte, et, dans sa joie, elle négligeait complètement Eugène, qui, aussi très en courroux, ne cherchait qu'une occasion pour attaquer son heureux rival. Il le contredisait sur tout ; il se montrait opposé à sa manière de voir dans les choses les plus simples et les plus universellement reconnues ; enfin, son intention éclata si positivement, que Nectaire fut contraint à s'en apercevoir. Une telle découverte l'affligea; il chercha à démêler le motif secret qui faisait agir Eugène; et les regards enflammés que celui-ci lançait de temps en temps, dans lesquels l'amour se mêlait aux reproches, lui apprirent toute la vérité.

En cette occurrence, il interrogea à son tour son propre cœur, et deux partis s'y déclarèrent: l'un voulait abandonner la querelle, l'autre s'y refusait; la raison dictait l'un, la vanité donnait naissance à ce dernier; et, dans ce conflit de sentiments divers, Sonnebreuse était très embarrassé. Elléna, de son côté, paraissait inquiète; elle craignait la pétulance de l'artiste; elle ne voulait pas qu'il troublât le commencement de son succès, et la gêne inspirée par cette terreur répandait beaucoup de contrainte en toutes ses manières.

Enfin le jeune homme, ne pouvant plus commander à ses transports, mais les dirigeant avec une extrême prudence, s'approcha de Mellevant, et, le prenant à part, lui demanda de lui procurer le lendemain une entrevue particulière avec Sonnebreuse. L'altération de sa voix, l'agitation empreinte sur ses traits, frappèrent le journaliste, et lui donnèrent à penser que ce n'était pas pour une chose indifférente que le peintre cherchait à voir son ami; il questionna donc Eugène, et n'eut pas de peine à lui faire avouer la vérité. Ce qu'il apprit lui causa un vif chagrin, et il essaya, par toutes les puissances du raisonnement, à donner un autre cours aux idées d'Eugène; mais plus il pérorait, et plus l'esprit de contradiction, si naturel à l'homme, agissait en celui-ci, et le portait à rejeter tous les avis qu'on lui offrait. Eugène poussa son insistance si loin, que Mellevant ne crut point pouvoir se refuser à lui assurer que dès le jour prochain le vicomte de Sonnebreuse lui ferait connaître ses véritables intentions.

La crainte d'une nouvelle affaire de ce genre, le tort réel qu'elle pourrait faire à son ami, jetèrent Mellevant en d'étranges appréhensions; cependant il se décida à ne pas tarder davantage à remplir un pénible devoir, et, saisissant le moment où Sonnebreuse se retirait, il le suivit dans la cour, et là lui conta qu'Eugène exigeait qu'il renonçât à mademoiselle Dormainge, ou que les armes décidassent à qui des deux elle resterait.

« Certainement, dit Nectaire, dès

que cette jeune personne a assez encouragé cet insensé pour qu'il croie avoir des droits sur elle, je cesse de prétendre à sa main; mais en même temps je ne souffrirai pas que des conditions me soient dictées. Allez annoncer à M. Eugène que demain je serai à ses ordres; tout ce que je lui demande est un profond secret, ne me souciant pas de voir ici se renouveler les scènes fâcheuses qui ont suivi mon duel avec le poëte Alphonse. En vérité, les beaux-arts ne me sont point favorables. »

Après ces mots, prononcés avec amertume, le vicomte partit; et Mellevant, quoiqu'à regret, fut rapporter sa réponse à l'amoureux artiste, qui s'engagea à taire ce qui se passerait, et à conduire avec lui un second d'une discrétion éprouvée. Nectaire, en rentrant chez lui, trouva une lettre de madame de Rosange; il y lut que celle-ci, d'après ce qui s'était passé dans la matinée, croyait devoir lui rendre les serments qu'il avait pu lui faire. Elle jurait néanmoins de son innocence, en convenant que les apparences étant contre elle, notre héros pouvait se croire légitimement dégagé. Elle ajoutait que malgré cette rupture, elle resterait l'amie de Sonnebreuse, et qu'avec dévouement elle continuerait à le servir dans toutes les occasions. Une adresse extrême avait présidé à la rédaction de cette épître. Peut-être que dans une autre circonstance elle eût changé les résolutions d'un homme ordinaire; mais ici elle manqua son but : la susceptibilité de Sonnebreuse était grande, et quand une fois le prestige était détruit dans son cœur, rien ne pouvait lui donner une nouvelle vie. Cependant cette douce façon de dénouer lui procurait quelque joie. Il lui était pénible de songer aux regrets, à la honte même que l'événement de la matinée donnait sans doute à la baronne, et une entrevue avec elle et une orageuse explication lui eût causé un profond déplaisir.

« Ainsi, se dit-il, la même destinée me poursuit à Paris comme à T... : chaque femme que je veux épouser m'est enlevée par une fatalité singulière. N'en est-il donc qu'une à laquelle je serais engagé par le ciel ? Que sais-je, demain peut-être n'aurai-je plus à m'en occuper. »

Le lendemain était pour lui un jour mémorable : il devait exposer ses jours en un combat singulier ; il devait aussi faire paraître son poëme sur les tombes royales de Saint-Denis ; ce qui, pour sa réputation littéraire, pouvait également ne pas être sans danger. Il dormit peu dans cette nuit, et lorsque Mellevant vint le prendre, il était levé depuis longtemps et se promenait dans sa chambre, livré à de sombres réflexions.

« Partons, dit-il, j'ai déjà fait apporter mon épée dans ma voiture, et puisque mon adversaire a prétendu qu'il maniait cette arme, je ne demande pas mieux que de m'en servir. »

Mellevant tressaillit en apercevant l'aigreur que son ami mettait dans ces paroles ; il lui tendit la main, et tous les deux s'éloignèrent aussitôt. Le rendez-vous, cette fois, devait avoir lieu au bois de Boulogne, où déjà Eugène et son second étaient arrivés. L'exactitude de celui-ci redoubla la mauvaise humeur du vicomte, qui mit, de son côté, la plus grande obstination à rejeter tout accommodement; il fallut laisser combattre ces deux rivaux, qui s'attaquèrent aussitôt qu'ils en eurent la liberté. Au bout de quelques minutes, Nectaire avait été blessé au bras droit, et son fer avait traversé la cuisse du jeune peintre; ce dernier tomba, et Sonnebreuse, aidant à le relever :

« Consolez-vous, monsieur, lui dit-il, car je renonce à jamais à ce qui nous a conduits en ce lieu. »

Eugène, trop faible pour le remercier autrement que par un geste, exprima ainsi sa satisfaction. On le transporta dans la voiture du vicomte, qui le ramena chez lui, et la légère blessure de Nectaire exigea également qu'un chirurgien fût mandé. L'homme de l'art déclara qu'un simple appareil suffirait; et qu'avant quatre jours la plaie serait en voie de guérison. Celle du peintre, autrement fâcheuse, eut un cours bien plus long, et M. Eugène ne perdit pas de si tôt le souvenir de son étourderie.

CHAPITRE LII.

LA CATASTROPHE.

> Ta! ta! que de caquets! j'en ai la tête assourdie.
> DANCOURT.

Il s'écoula plusieurs jours durant lesquels la solitude de Nectaire ne fut pas troublée par des commérages importuns; le repos semblait être revenu chez lui depuis qu'il avait la certitude de ne plus trouver le commandeur de Villevert ou le chevalier de Lersac; mais ce calme flatteur ne fut pas de longue durée : tandis que Sonnebreuse lisait dans l'Aristarque un éloge complet de son poëme sur les tombes royales de Saint-Denis, on lui vint annoncer la visite de M. Dormainge. A peine le banquier fut-il assis, que, plein du motif qui le conduisait, il entra sur-le-champ en matière.

« Qu'est ceci, monsieur le vicomte, faut-il que vos amis aient à déplorer la faute que vous venez de commettre, et qui plonge particulièrement toute ma famille dans une excessive douleur? »

Dans une autre circonstance, et pour tout autre motif, Sonnebreuse eût souffert difficilement la familiarité avec laquelle le banquier s'exprimait ; mais convenant qu'il pouvait avoir raison de se plaindre qu'on se fût battu pour sa fille, il se montra disposé à recevoir avec humilité les reproches qu'on lui adressait, et il répondit que lui aussi était désespéré que par la faute d'un autre il eût été contraint d'agir de cette façon.

« Était-ce à vous, monsieur, dont on estime le ferme caractère, à vous laisser influencer par des gens qui sont les ennemis de notre repos. »

— « Je pense, répondit Nectaire, absolument comme vous sur le compte du commandeur de Villevert et du chevalier de Lersac, mais je dois leur rendre justice que cette fois ils n'ont pris aucune part à mes affaires. »

— « Ce sont donc les gens de Mont-Rouge que vous avez consultés, eux qui ne se plaisent qu'à désunir les familles, qu'à brouiller la société afin de se rendre nécessaires. »

— « Eh non certes, monsieur, je ne me suis pas adressé à eux : d'ailleurs, monsieur Eugène ne m'a pas donné le temps de la réflexion, et notre duel a eu lieu trop promptement pour que j'aie pu causer à ce sujet avec qui que soit au monde. »

— « Que me dites-vous là, monsieur? quoi! le bon Eugène se serait déjà battu pour les principes? voilà un digne cœur, lorsque vous abandonniez la lumière à l'heure même où je voyais que vous vous conduisiez par elle; mais revenons au point principal de ma visite : tous nos amis ne peuvent concevoir que vous ayez publié le très condamnable ouvrage qui vient de paraître sous votre nom. Voulez-vous nous ramener en des temps de troubles et de gémissements, vous montrer l'adversaire acharné de la cause sacrée de la révolution et déverser le blâme sur de fort bonnes gens qui ont eu toujours d'excellentes idées : à quoi bon ce fanatisme, cet amour pour de vieux tombeaux, cet anathème contre leur profanation? certes le moment est bien choisi ! Est-ce lorsque l'on proclame une loi contre le sacrilége qu'il faut revenir sur le passé et donner de nouvelles armes à nos adversaires? je vous le répète, votre tort est bien grand, et quoi qu'en disent certains fanatiques, il existe une époque qui n'est pas encore jugée. »

Sonnebreuse, tandis que le banquier parlait, commença d'abord à comprendre que celui-ci ne savait pas le vrai motif du duel, et puis il vit que son courroux s'allumait non au sujet de la réputation de sa fille compromise, mais en faveur des fureurs jacobines, que, par une infernale adresse, les hommes de sang de la révolution sont parvenus à faire confondre avec les belles idées libérales. Il se convainquit que monsieur Dormainge, doux par caractère, qui jamais n'avait pris part à aucun excès, se croyait blessé par cela seul, que lui Sonnebreuse avait reproché aux Vandales modernes les forfaits dont ils s'étaient souillés. Cette erreur, autant enracinée dans certains cerveaux que toutes les folies de l'ultracisme dans d'autres têtes, causaient cette colère qu'on éprouvait contre un imprudent auteur; aussi, loin de frémir en écoutant le financier soutenir d'abominables scélérats, il fut plus porté à rire de sa manie, et il tourna la chose en plaisanterie. Mais Dormainge n'entendit pas cela, il reprit la parole, et nommant les piliers de son salon, il déclara, en leur nom et au sien, que quelque plaisir qu'on eût à vivre avec lui, une rupture éclatante devait s'en suivre si Nectaire ne désavouait pas son imprudent ouvrage.

« D'ailleurs, poursuivit-il, on sait à quel prix on l'a obtenu de vous : le gouvernement vous a donné un brevet de conseiller d'état ; on vous a vu plusieurs fois chez le ministre, et vous êtes en visites réglées avec l'abbé de la M...... »

Ceci parut moins plaisant au vicomte, il comprit que lorsque sa nomination de maître des requêtes serait publique, on ne manquerait pas de renouveler l'accusation qu'il avait vendu sa plume ; et il était assez instruit de la marche habituelle des sociétés de Paris, pour avoir la certitude que cette calomnie serait ranimée. Cette pensée le blessa vivement, et sa réponse dernière au banquier porta l'empreinte de l'agitation de son âme.

« Ainsi donc nous vous avons perdu, dit M. Dormainge: ma femme en sera mourante, ma fille vous regrettera beaucoup ; mais ne sommes-nous pas obligés de renoncer à vous, lorsque vous vous enrôlez sous la bannière de la féodalité, de l'inquisition et du fanatisme? Adieu, monsieur le vicomte; ne soyez pas surpris si nombre de gens s'éloignent de vous, on ne peut recueillir que ce que l'on sème. »

A ces mots le banquier partit, très convaincu que dans cette circonstance il avait paru en digne représentant des idées libérales, et que le vicomte de Sonnebreuse était une brebis galeuse, un déserteur de la bonne cause, dont on ne pouvait assez se garder.

Nectaire, resté seul, réfléchissait à cette malédiction, qui le poursuivait en tout lieu, en toute circonstance, et à laquelle il ne pouvait assigner une cause plausible. Depuis qu'il avait paru dans le monde, le monde s'était complu à interpréter défavorablement toutes ses actions, même les plus indifférentes ; des langues envenimées le déchiraient nuit et jour ; enfin, il ne trouvait nulle part cette aménité, cette douceur de commerce, dont il s'était fait une si gracieuse idée, et que dans ses rêves dorés il croyait rencontrer à Paris. Une nouvelle visite le tira de cet état d'anxiété, c'était M. Dorval.

Sonnebreuse l'accueillit avec plaisir, car il se sentait porté par un penchant secret vers le personnage dont il appréciait les excellentes qualités ; mais Dorval était homme, il habitait Paris, et dès lors pouvait-il échapper entièrement à la vapeur maligne qui parfois empeste cette ville ? il s'approcha du vicomte d'un air d'intérêt :

« Ne me chasserez-vous pas, lui dit-il, pour me punir des fâcheuses nouvelles que je vous apporte? je suis, malgré moi, un messager de malheur. Mais que puis-je y faire, lorsque vous-même avez fourni les éléments de la tempête qui vous foudroie? Je ne vous parlerai pas de votre inconcevable ouvrage sur la profanation des tombes royales de Saint-Denis, car je n'aurais rien de bon à vous exprimer sur cette matière. Vous avez indigné nos amis, ils ne vous pardonneront jamais cette étourderie: deviez-vous condamner ce qui s'est fait, et soulever le voile qui couvre des actions peut-être légitimes, par le grand but moral qui les inspirait. Je ne vous dirai rien non plus sur votre traité avec les enfants de Loyola, sur vos rapports nouveaux avec les gens d'autrefois. Tout cela est la conséquence de votre poëme, et vous porterez galamment la faute d'un pareil péché; mais fallait-il vous brouiller avec toute la terre, améuter contre vous jusqu'aux acteurs par lesquels vous vouliez être joué? Voilà un tort irréparable, et que vous ne détruirez plus. »

— « Je vois avec douleur, monsieur, répondit le vicomte, que vous vous laissez influencer aussi par les frénétiques exagérateurs de votre parti; cette tolérance, tant prônée par les philosophes, nul ne la met en pratique, quoique tous en parlent. Je ne suis plus digne d'être votre ami, parceque je crois à ma religion, et que j'abhorre le crime partout où il éclate. Je ne traiterai pas non plus ce point avec vous, me flattant que votre raison, que votre beau génie, me rendront justice plus tard. Mais que venez-vous m'apprendre à propos des acteurs? que s'est-il passé entre eux et moi? En quoi me suis-je montré contre eux? »

— « Je ne puis précisément vous le dire; mais tout le monde ne parle que de cela. Vous avez lu une tragédie? »

— « Oui. »

— « Vous avez fait des démarches pour la faire jouer avant toutes celles qui ont obtenu un tour de faveur? »

— « Non, certainement. »

— « C'est égal, vos rivaux ont imaginé la chose, et l'ont répandue; vous aurez jasé quelque peu, et dès lors chacun vous a puni à sa manière. Dubreuil se plaint que vous le taxez d'impertinence; Valmont prétend que vous doutez de ses connaissances en littérature; mademoiselle Séraphine, qui a lancé contre vous un bulletin de rejet, certifie vous avoir reconnu dans le nombre des gens de mauvais goût qui la sifflèrent ces jours passés, et elle crie à l'injustice; madame Aurélie ne vous pardonne pas de ne point vous être présenté chez elle: on n'entend, en un mot, qu'un concert de clameurs universelles contre vous. Il n'est pas de propos qu'on ne vous prête, d'acte hostile qu'on ne vous attribue : il paraît positif que pour être joué vous faites agir la cour; vous avez écrit à ce sujet au premier gentilhomme de la chambre et au ministre de la maison du roi; vous avez enlevé la lecture de vive force, en menaçant les acteurs de les faire tympaniser par Mellevant le journaliste; enfin, vous avez publié votre poëme anti-libéral et religieux, et c'est à l'Opéra que vous avez pris une maîtresse. »

La volubilité avec laquelle Dorval débita tous ces chefs d'accusations, n'aurait pas donné à Sonnebreuse le temps de répondre s'il eût été à même de le faire; mais plus que jamais il demeurait dans un entier état de stupéfaction : tout ce qu'il entendait servait à l'anéantir. Il n'était plus à lui-même, il ne savait plus où il en était, et quand enfin il commençait à revenir à lui, M. de Norval, en propre personne, parut alors ; sa visite était sans doute un évènement dont Nectaire ne préjugea rien de bon.

CHAPITRE LIII.

LE DERNIER COUP.

> Pour chercher sur la terre un endroit écarté,
> Où d'être homme d'honneur on eût la liberté.
> <div align="right">Molière, <i>Misant.</i></div>

Dorval connaissait le conseiller d'état et ne l'aimait guère : quel motif les avait mal mis ensemble? Nous ne le savons pas ; la froideur entre eux existait, mais il fallait en deviner la cause. La vue de l'homme de lettres ne dérida pas non plus le front du diplomate ; ce dernier s'assit, et sa contenance ne tarda pas à annoncer qu'il désirait se trouver seul avec Sonnebreuse. Dorval, qui, en homme d'esprit, entendait à demi-mot, se leva alors, et, prenant congé du maître de la maison, lui dit à voix basse :

« Faites vos diligences, si vous me croyez ; ameutez tous vos protecteurs pour vous défendre au théâtre, car les sociétaires se sont promis de ne vous jouer de long-temps. »

Nectaire, quoique assez bien remis de sa blessure, prétexta de la présence du nouveau venu pour ne point quitter la chambre. Dorval reçut au mieux son excuse, et partit. Lorsque Norval se vit seul avec le vicomte, il lui demanda comment il se portait, et si le coup qu'il avait reçu pouvait présenter quelque danger. Cette question surprit celui auquel elle était adressée ; il ne croyait pas que le bruit de ce second duel se fût répandu autant que celui de l'autre, et ne parut pas charmé d'apprendre que le conseiller d'état en était instruit. Cependant, incapable de dissimuler, il répliqua, en racontant comme la chose s'était passée, sans néanmoins avouer quelle cause avait armé les deux champions.

« On ne m'avait donc pas, monsieur, abusé, non plus que son excellence, dans le récit circonstancié qui nous en a été fait. Voici donc en peu de semaines votre seconde querelle, sans compter les sept ou huit combats dans le même genre que vous avez déjà soutenus dans votre province ; ne vous semble-t-il pas que ce soit beaucoup trop pour un personnage qui veut prendre part à l'action active du gouvernement ?

Sonnebreuse répliqua à cette interrogation que s'il avait agi en bretteur, jamais du moins il n'avait provoqué la querelle, et que trois fois seulement il s'était battu en province, en conséquence des commérages, des rapports odieux qu'on avait faits contre lui.

« Il n'est pas moins prouvé que, pour attaquer ou pour vous défendre, vous aviez une merveilleuse facilité, que de telles actions fixent trop sur vous les regards du public, et qu'il serait inconvenant en une telle posture de se placer au nombre des agents du pouvoir, à qui de tels excès doivent plus particulièrement être interdits. Mais ce reproche n'est pas le seul qu'on puisse vous adresser : ne vous êtes-vous pas lié, de la manière la plus intime, avec cette cabale acharnée sans relâche à critiquer les opérations de leurs excellences ? Sortez-vous jamais de la maison du banquier Dormainge ou du littérateur Dorval? Là on fronde ouvertement chaque jour toutes les entreprises les plus respectables ; là les ministres sont blâmés sans la moindre retenue. Élevé à une telle école, devons-nous vous introduire dans le sanctuaire? Ce serait une bien haute imprudence. Enfin, pour achever de vous perdre, vous vous avisez tout à la fois de courir la carrière du théâtre, ne craignant pas de faire des pièces pour les derniers tréteaux, des vaudevilles en tiers, en quart de compagnie; des comédies, tantôt applaudies, plus souvent mal reçues. Rien en cela ne peut être excusé, et de telles occupations sont incompatibles avec les sévères devoirs de la politique. »

Sonnebreuse, en tout ce qu'on lui disait, admirait, avec étonnement, la malignité de son étoile, qui ne le laissait pas respirer; aussi, accablé par tant de coups, il ne songea pas même à se défendre ; son silence acheva de convaincre le conseiller d'état de la réalité de ses torts. Ce dernie reprenant la parole :

« Qui ne dit mot consent. Puisqu'il en est ainsi, il ne vous paraîtra pas étonnant que je vous apprenne votre disgrâce anticipée ; il est revenu contre vous tant de rapports défavorables au ministère, que son excellence a jugé ne pouvoir point tenir la parole qu'elle m'avait donnée; la place de maître des requêtes, qui vous était acquise, vous est retirée, et l'on a nommé, au lieu de vous, M. Alphonse, qui, dans votre avant-dernier duel, s'était montré le noble champion des hautes puissances. Ce coup doit sans doute vous paraître rude ; mais, plus que vous encore, j'en éprouve l'atteinte ; il détruit en partie une réputation d'homme d'état, acquise, j'ose le dire, par quarante ans de succès. Je vous dois, monsieur, d'avoir échoué au port, et d'être forcé de convenir qu'en m'intéressant à vous, sans vous avoir long-temps étudié, j'ai agi avec une inconcevable légèreté. »

Après tout ce qui venait de se passer successivement durant le cours de cette journée, Nectaire ne devait plus être surpris de ce qui arriverait ; aussi écouta-t-il le diplomate avec cette sorte d'indifférence résultante d'un désespoir qui ne se connaît plus de ressource. Pour lui en réalité, tout n'était-il pas fini ? que lui restait-il de ses illusions ? par quelles nouvelles chimères aurait-il la facilité de suppléer à celles qui se dissipaient ? Cette ville, dans laquelle il avait cru échapper aux désagréments de la province, venait de les lui rendre avec plus de consistance et surtout de développement; il avait rencontré à Paris des commandeurs de Villevert, des dames de Préban, des femmes comme celles qu'il avait d'abord connues, des duellistes autant extravagants que ceux de sa cité natale. D'affreux propos ne le poursuivaient-ils pas également? ne leur devait-il pas la perte de ses espérances en tous genres? La malignité s'était-elle endormie à son égard? Lui avait-il été possible enfin de mieux cacher sa vie, de se dérober à cette investigation cruelle et malfaisante qui avait surpris le secret de ses moindres démarches, empoisonné ses plus innocents propos, et présenté ses actions comme une série de fautes continuelles? Aussi, bien loin de se courroucer contre l'injustice du ministre, de réclamer contre les préventions de

M. de Norval, il convient en lui-même qu'il fallait se résigner à sa destinée, et ne pas lutter contre une si fatale fortune.

Sa réponse se ressentit de cette résolution. Il tâcha néanmoins de ramener son protecteur à de saines idées sur son compte ; mais il ne chercha pas à l'intéresser de nouveau en sa faveur ; il avoua qu'en effet rien en lui n'annonçait la vocation d'homme d'état, et que par conséquent il ne devait plus songer à faire partie du conseil du monarque.

Norval, accoutumé à envisager les choses sous un autre point de vue, et ne voyant autour de lui que des ambitieux qui, sans se rebuter de leur disgrâce, tâchent constamment à reconstruire l'édifice de leur grandeur, eut quelque peine à concevoir une pareille abnégation : elle lui fit pitié, en achevant en même temps de détruire dans le fond de son âme l'intérêt qu'il avait pris à Sonnebreuse. Le calme de celui-ci lui parut de la faiblesse, et il le trouva indigne de prendre sa part du pouvoir, puisqu'il sentait avec si peu d'énergie le coup qui le replaçait dans une position privée, ce qui aux yeux du diplomate était le dernier degré des revers. Il termina, après quelques autres paroles échangées, un entretien qui lui pesait, et il sortit de chez le vicomte, charmé que celui-ci n'eût pas demandé la main de madame de Rosange, dont il le croyait encore amoureux. Cet homme, si avancé dans les secrets de l'état, ignorait complètement ce qui se passait dans sa propre famille.

Environ une heure après ce moment, Mellevant, lassé de voir Nectaire le front appuyé sur ses mains réfléchir avec tant d'abandon qu'il ne l'avait pas entendu entrer dans la chambre, s'approcha de lui, et du bout de ses doigts le heurta légèrement. Notre héros sortit alors de sa rêverie... Il regarda d'abord son ami, et puis il lui dit :

« Joseph, avez-vous des commissions à me donner pour T..... »

— « Qu'en ferez-vous ? Est-ce le commandeur de Villevert qui s'en chargera, et vous seriez-vous réconcilié avec lui ? »

— « Non, je ne l'ai point fait, et certes j'espère bien ne pas le faire ; mais ce sera moi qui vous servirai en cette occasion ? »

— « Vous, Sonnebreuse ? quoi, vous voulez partir ? Quelle est donc cette folie ? »

— « Oui, je pars ; mais ne qualifiez pas si inconvenablement l'acte le plus

raisonnable de ma vie. Si T.....
m'était devenu odieux, Paris ne me
l'est pas moins : je ne puis vivre au milieu d'une foule qui ne me laisse pas
respirer. Je ne suis pas ici à mon aise,
et j'en sortirai après demain. »

Mellevant, alarmé de la résolution
que Sonnebreuse lui faisait connaître,
essaya d'abord de la combattre, après
en avoir appris le motif. Mais Nectaire
demeura inébranlable ; son parti était
décidé, il voulait aller passer le reste
de ses jours dans une terre qu'il possédait du côté de R.... au pied de
la montagne Noire, et là, loin du
monde et environné de simples paysans, défier la malignité qui ne viendrait pas le poursuivre dans cette retraite isolée. Son ami ne fut pas de
son avis ; il lui représenta que les
hommes étant partout les mêmes, il
trouverait au lieu qu'il prétendait ha-

biter de pareils propos, de semblables commérages, et qu'il se flattait d'un vain espoir s'il gardait la prétention d'enchaîner la langue des bonnes femmes de l'endroit.

« Je ne les redoute pas autant que me paraissent à craindre les femmes et les hommes de la haute société; leurs caquets partiront de trop bas pour parvenir jusqu'à moi, et du moins serai-je tranquille en ce qui concernera mon honneur et la sûreté de mes jours : vous seul, mon ami, avec ma tante, me causerez d'amers regrets, soyez-en convaincu ; mais je ne puis vivre plus longtemps où je me trouve, j'y mourrais ; ou, si je n'allais pas bientôt me loger au Père Lachaise, il faudrait finir par me donner un appartement chez le docteur Esquirol. Oui, Joseph, je perdrais sous peu à Paris ma vie ou ma raison, et franchement je tiens encore à l'une et à l'autre. »

Lorsque madame de Gameville connut la résolution de son neveu, elle tonna d'abord; mais puis après, ayant pris les conseils de son directeur, elle se montra résignée à cette séparation ; elle voulut seulement donner à Sonnebreuse une marque positive de sa tendresse, en lui assurant de suite toute la fortune dont elle pouvait disposer, et dont il serait possesseur lorsqu'elle aurait cessé de vivre. M. Nelsor, en ceci, ne fut pas consulté, et pour cause : la marquise ne jugea pas à propos de lui communiquer cet acte ; elle connaissait avec quelle ardeur le saint homme travaillait dans les intérêts de l'église, et elle ne voulait pas sacrifier ceux de son légitime héritier. Mellevant fut admis dans la confidence de cette importante affaire, qui retarda le départ de Sonnebreuse de deux ou trois jours.

CHAPITRE LIV.

LE RACCOMMODEMENT.

Un mot les met aux champs, demi-mot les rappelle.
La Fontaine.

« Ma bonne sœur, puisque tu veux absolument revenir à T...., et que notre mère t'appuie dans ce projet, je ne réclame de toi qu'une semaine ; tu ne la refuseras pas à mon amitié? »

— « Avec plaisir Célestin, je te l'accorde, répondit la belle Florestine, et pour bien l'employer, je veux revoir avec toi les monuments de Paris, et toutes les choses dont je désire conserver le souvenir. »

— « Eh bien, aujourd'hui, commençons notre course par le Musée royal; il n'est point ouvert au public, nous pouvons le visiter à notre aise. »

Mademoiselle Servilli consentit aux désirs de son frère, et tous deux partirent pour cet établissement, que nous avons vu le plus riche du monde en chefs-d'œuvre de tous genres. Leur passeport fut le *laissez-passer* qui leur procura l'entrée des salles de peinture. Célestin et sa sœur examinèrent d'abord les tableaux placés dans la grande galerie, les admirables noces de Cana de Paul Véronèse, les fameuses batailles d'Alexandre de Lebrun, et montrèrent quelque surprise de trouver parmi les productions des grands maîtres d'autrefois le brillant tableau d'un peintre moderne que la mort n'a pas encore frappé.

Dans la galerie, les ports de France de Vernet, la vie de saint Bruno de Lesueur, fixèrent leur attention ; et de temps en temps ils jetaient un coup d'œil sur les copies que les élèves faisaient de ces riches inspirations du génie. Leurs pas les conduisirent dans le pavillon où se trouvent réunis plusieurs chefs-d'œuvre du Poussin, le prince célèbre de l'école française. Le regard de Célestin se tourna par hasard vers une toile sur laquelle un peintre achevait en ce moment la copie d'une tête sortie du tableau d'Éliézer à la fontaine d'Hébron ; une exclamation soudaine échappa à l'observateur.

— « O Florestine, dit-il, regarde le travail de monsieur, et dis-moi à qui il ressemble. »

Ces mots surprirent tout à la fois
et mademoiselle Servilli et l'artiste,
qui, regardant cette dernière, retrouva
dans elle la parfaite image de la belle
tête qu'il copiait ; il ne cacha pas son
étonnement, et à la suite de quelques
compliments réciproques, ils entrèrent en conversation.

« Monsieur, dit Célestin, vous devez comprendre quel intérêt nous attachons, ma sœur et moi, à votre travail ; aussi nous ne craindrons pas de
nous montrer indiscrets en vous demandant de nous le céder au prix qu'il
vous conviendra de fixer. »

— « J'accepterais avec plaisir votre
proposition, s'il dépendait de moi de
le faire ; mais cette copie ne m'appartient pas, elle m'a été commandée,
et je ne puis en disposer. »

— « Il est particulier, dit Célestin,
que la personne pour laquelle vous

travaillez ait voulu dans cette tête faire changer la couleur des cheveux : ils sont blonds dans le tableau du maître, et noirs dans le vôtre. »

— « Je me suis conformé aux intentions qu'on m'a témoignées. J'ai d'ailleurs entendu (ajouta le jeune élève, peu encore accoutumé à la discrétion qui fait une partie de l'éducation de ses confrères) celui pour qui je travaille prétendre que le changement rendrait plus frappante la ressemblance du portrait avec celle d'une dame qu'il chérissait tendrement. »

Ces dernières paroles troublèrent Florestine ; elle sembla deviner qui avait pu exprimer cette opinion, et une douce langueur éclata sur son gracieux visage.

— « Ainsi, poursuivit Célestin, qui n'abandonnait pas facilement son idée, vous ne consentiriez pas à me céder votre travail. Ne pourriez-vous faire une autre copie que vous donneriez à celui qui l'a commandé ? »

— « Non, monsieur, cela m'est impossible, à moins que vous n'obteniez le consentement de ce personnage. Je le lui demanderai, car il ne tardera pas à venir ; et s'il veut accéder à vos désirs, la chose sera faite. Mais tenez le voici lui-même ; nous pouvons lui parler sur-le-champ. »

Célestin et Florestine se retournèrent et se virent face à face avec Sonnebreuse, qui jeta un cri de joie en les apercevant.

« Viens, mon frère, dit la jeune fille à voix basse et tremblante, éloignons-nous. » En même temps une vive émotion l'agita, et elle fut obligée de s'asseoir sur une banquette fleurdelisée qui se trouvait auprès d'elle.

« Non, certes, je ne partirai pas répliqua Servilli, dont le contentement ne peut se décrire. Je veux m'accommoder avec cet amateur des arts : je crois que nous avons de grands droits à sa complaisance. »

Tandis qu'il parlait, Sonnebreuse, quelque peu interdit de se voir rencontrer par le frère et la sœur dans ce lieu et en face d'une copie décelatrice, rendait néanmoins une ardente action de grâces à la Providence, qui le ramenait vers une femme dont sans retour il allait s'éloigner. Il sentait dans son âme que cette rencontre était ordonnée par le ciel, et déjà il ne résistait plus à la voix intérieure qui lui criait : Voilà la compagne qui te consolera de tous tes chagrins, et qui embellira la solitude dans laquelle tu vas t'ensevelir. Ces idées éclataient sur son visage, et ses yeux paraissaient remplis d'une impétueuse passion. Célestin voyait tout et se réjouissait aussi du triomphe prochain de sa sœur.

« Nectaire, dit-il enfin, l'amour que vous portez aux arts vous rendra-t-il insensible à ma prière. Je souhaite acquérir la copie du visage de cette fille de Laban, et comme elle vous appartient, monsieur me la refuse. L'imiterez-vous, ou me serez-vous plus favorable ? »

— « Vous exigez trop de moi, Célestin, répliqua le vicomte en hésitant. Demain je quitte Paris pour aller sans retour habiter une de mes terres ; je veux emporter avec moi cette image, dont l'aspect me sera doux. Vous restez ici ; qui vous empêche de demander un nouveau chef-d'œuvre au pinceau de monsieur? Mon ami, à toutes les pertes que j'ai faites, ne m'obligez point à ajouter celle-là. »

— « Ainsi vous ne paraissez pas disposé à céder à ma prière ; cependant je tenterai un nouvel effort : êtes-vous intéressé ? en ce cas prenez ma bourse, à moins toutefois que parmi les objets précieux que je possède, il ne s'en trouve quelqu'un dont vous vouliez faire un échange avec moi. »

Ces derniers mots, dits peut-être avec intention, furent un trait de lumière qui vint frapper au cœur de Sonnebreuse : il comprit tout-à-coup à quel bonheur il pouvait encore prétendre, et résolu sur-le-champ à l'obtenir :

« Célestin, votre proposition sait trop me plaire : ce portrait est à vous, si en retour vous pouvez me faire accorder son véritable original. »

Il dit, et s'approchant avec vivacité de Florestine, il osa prendre une main qu'elle ne lui retira pas.

« Monsieur, s'écria Célestin en s'adressant au peintre, je vous prends à témoin que l'échange est consommé. »

FIN.

TABLE DES CHAPITRES

DU QUATRIÈME VOLUME.

Chap. XL. Les motifs du duel . . . Page 1
XLI. Suite des motifs du duel . . . 26
XXLII. Les acteurs d'un théâtre de Paris 39
XLIII. Quelques autres acteurs . . 56
XLIV. Un magasin de mode 76
XLV. Un auteur en présence de ses juges 95
XLVI. L'audience d'un ministre . . 110
XLVII. La lecture devant les acteurs 129
XLVIII. Les génies du jour 151
XLIX. La coquette jouée 166
L. L'exagération d'un autre parti . 185
LI. Les méchants démasqués . . . 202
LII. La catastrophe 220
LIII. Le dernier coup 234
LIV. Le raccommodement 219

FIN DE LA TABLE DU TOME QUATRIÈME.

DE L'IMPRIMERIE DE LACHEVARDIERE FILS,
RUE DU COLOMBIER, N. 30, A PARIS.

www.ingramcontent.com/pod-product-compliance
Lightning Source LLC
Chambersburg PA
CBHW050318170426
43200CB00009BA/1370